185 unglaubliche Geschichten aus der Welt des Fußballs

„Alles was ich im Leben über Moral und Verpflichtungen des Menschen gelernt habe, verdanke ich dem Fußball."

Albert Camus

Allgemeine Hinweise:

Aus Gründen der besseren Lesbarkeit haben wir uns entschlossen, durchgängig die männliche (neutrale) Anredeform zu nutzen, die selbstverständlich die weibliche mit einschließt.

Das vorliegende Buch wurde sorgfältig erarbeitet. Dennoch erfolgen alle Angaben ohne Gewähr. Weder der Autor noch der Verlag können für eventuelle Nachteile oder Schäden, die aus den im Buch vorgestellten Informationen resultieren, Haftung übernehmen.

Sollte diese Publikation Links auf Websites Dritter enthalten, so übernehmen wir für deren Inhalte keine Haftung, da wir uns diese nicht zu eigen machen, sondern lediglich auf deren Stand zum Zeitpunkt der Erstveröffentlichung verweisen.

LUCIANO WERNICKE

185 UNGLAUBLICHE GESCHICHTEN

AUS DER WELT DES FUSSBALLS

MEYER & MEYER VERLAG

Originaltitel:
Luciano Wernicke: Unforgettable Soccer
© Meyer & Meyer Sport (UK) Ltd, 2019
ISBN 978-1-78255-162-1
Übersetzung: Sven Scheer

185 unglaubliche Geschichten aus der Welt des Fußballs
Bibliografische Information der Deutschen Bibliothek
Die Deutsche Bibliothek verzeichnet diese Publikation in der Deutschen Nationalbibliografie; detaillierte bibliografische Details sind im Internet über <www.dnb.de> abrufbar.

Auckland, Beirut, Dubai, Hägendorf, Hongkong, Indianapolis, Kairo, Kapstadt, Manila, Maidenhead, Neu-Delhi, Singapur, Sydney, Teheran, Wien

Gesamtherstellung (Druck): Bookwire, Frankfurt, www.bookwire.de

FSC www.fsc.org
MIX
Papier | Fördert gute Waldnutzung
FSC® C083411

Member of the World Sport Publishers' Association (WSPA)
ISBN 978-3-8403-7685-6

Hersteller im Sinne der GPSR:
Meyer & Meyer Fachverlag & Buchhandel GmbH
Von-Coels-Straße 390, 52080 Aachen
www.dersportverlag.de
E-Mail: kontakt@m-m-sports.com

INHALT

VORWORT

Am 26. Oktober 2013 hat der Fußball, der beliebteste und faszinierendste Sport der Welt, sein 150-jähriges Jubiläum gefeiert. An jenem Tag im Jahr 1863 kam in einem Londoner Pub namens *Freemason's* ein Haufen Visionäre zusammen, um *The Football Association* zu gründen und das erste „offizielle" Regelwerk des neuen Spiels zu Papier zu bringen, die Grundlage einer glanzvollen Zukunft. Seither ist der Ball auf seinem erfolgreichen und weiten Weg in Abermillionen von Profi- und Amateurpartien durch Stadien auf der ganzen Welt gerollt.

In das kollektive Gedächtnis sind die großen Champions, die Stars und die außergewöhnlichen Glanzleistungen eingegangen. Doch nicht sie stehen im Mittelpunkt von *185 unglaubliche Geschichten aus der Welt des Fußballs*. Für das vorliegende Buch habe ich tief in den Archiven nach den skurrilsten – nicht den großartigsten – Partien gesucht. Statt noch einmal die bedeutendsten Ereignisse der Fußballgeschichte zu schildern, soll es hier um die spektakulären Vorkommnisse gehen, die wegen ihres unvergesslichen und einzigartigen Charakters gleichfalls einen Platz in dieser Geschichte verdient haben, wenn auch vielleicht nur einen bescheidenen. Neben den großen Klubs und Spielern finden sich unzählige unbekannte Spieler und Vereine, die etwas Unerwartetes, Seltsames, Komisches oder Unvergessliches erlebt haben.

Lassen Sie mich Ihnen ein paar Beispiele geben: Da war der Spieler, der in einem Spiel, das 2:2 endete, alle vier Treffer erzielte. Der Schiedsrichter, der das Spiel unterbrach, um nach seinem Gebiss zu suchen. Sein Kollege, der einen Trainer vom Feld schickte, weil der seiner Frau ein bisschen zu nahe gekommen war. Und jener Unparteiische, der um ein Haar von einem unzufriedenen Spieler überfahren worden wäre. Da war das

Tor, das von einem Hund, und jenes, das von einer Möwe erzielt wurde. Die Mannschaft, die haushoch verlor, weil sie einen Einarmigen ins Tor stellte, und jene, der dasselbe widerfuhr, nachdem die Spieler auf der Hochzeit eines Kameraden ein bisschen zu tief ins Glas geschaut hatten. Der Mittelfeldspieler, der die Rote Karte des Referees hinunterschluckte, und der Verteidiger, der für eine Partie gesperrt wurde, obwohl er zu dem Zeitpunkt bereits mehr als eine Woche tot war. Das Spiel, das wegen eines Eisbergs abgebrochen wurde, und der Angreifer, der zweimal vom Platz gestellt wurde – in einem Match.

Das sind nur einige der fantastischen Begebenheiten, die in *185 unglaubliche Geschichten aus der Welt des Fußballs* erzählt werden. Noch eines: In dem vorliegenden Band finden sich nur wenige Episoden, die sich bei Weltmeisterschaften, in der Champions League oder bei Olympischen Spielen ereignet haben, da diese Wettbewerbe in meinen anderen Büchern breiten Raum einnehmen. Wenn hier derartige Begebenheiten auftauchen, dann nur in Verbindung mit anderen Geschichten. Dieses Buch lebt nicht von der Größe der Wettbewerbe, sondern von den unberechenbaren und magischen Wegen, die der Ball unabhängig von Stadion, Rivalitäten und Nationen nimmt. Entdecken Sie mit mir eine Fülle verblüffender und doch wahrer Begebenheiten. Herzlich willkommen zu den unglaublichsten Geschichten aus der Welt des Fußballs!

Luciano Wernicke

Die Hochzeit

Das Rückspiel gegen AFC Comprest GIM stellte die Spieler des CS Viitorul Chirnogi gleich vor zwei Probleme. Das erste war sportlicher Natur, denn die Aufstiegspartie zur zweiten rumänischen Liga versprach, nach einem beschämenden 0:10 im Hinspiel, kein Zuckerschlecken zu werden. Das zweite Problem war sozialer Natur: Am Abend vor dem entscheidenden Match hatte eine der Stützen der Mannschaft zur Hochzeitsfeier eingeladen. Auf Initiative eines Mitspielers beschloss die Mannschaft, nicht zu kneifen und sich beiden Aufgaben zu stellen – auch wenn allen klar war, dass eine Party kaum die ideale Vorbereitung auf ein Spiel war. Und so erschien die Mannschaft von Viitorul Chirnogi am Vormittag des 20. Juni 1993 zwar vollzählig zum Spiel, allerdings waren die Spieler immer noch angetrunken, nachdem sie einmal zu oft auf das glückliche Paar angestoßen hatten. Ihre „Leistung" mündete in eine zweistellige Niederlage, fast, als würden sie immer noch alles doppelt sehen: Das ausgeruhte und nüchterne Team von Comprest gewann 21:0. Dass es bei 21 Gegentoren blieb, verdankte Chirnogi einzig dem Schiedsrichter. Er brach die Partie in der 70. Minute ab, als sich nur noch sechs betrunkene Spieler auf den Beinen halten konnten.

Golden Goal

Nicht selten dauert ein sogenanntes *Alles-oder-nichts-Spiel* länger als 90 Minuten. Leider bleibt beim Seitenwechsel in der Verlängerung keine Zeit für dringende Bedürfnisse. Im April 2000 standen sich im norwegischen Pokal Surnadal Idrettslag aus der dritten und Sunndal Fotball aus der zweiten Liga gegenüber. Beiden Mannschaften wollte im Syltøran-Stadion einfach kein Tor gelingen, sodass es auch nach 90 Minuten und den ersten 15 Minuten der Verlängerung noch 0:0 stand. Die dramatische Situation machte es dem Heimtorwart Olav Fiske unmöglich, den weiten Weg in die Umkleidekabine zurückzulegen, daher erleichterte er sich kurzerhand hinter dem eigenen Tor. Doch zu seinem Pech bekam der Schiedsrichter davon nichts mit und pfiff zum Anstoß für Sunndal. Dem ausgekochten Mittelfeldspieler Oddvar Torve war nicht entgangen, dass Fiske noch hinter dem Tor war: Er zog aus dem Anstoßkreis ab, und der Ball schlug ungehindert im Tor ein. „Ich habe mich so geschämt", gestand der Torwart nach dem Spiel kleinlaut den Reportern. Sunndal gelangte in die nächste Runde, doch die Vereinsführung von Surnadal forderte eine Wiederholung der Partie – nicht etwa wegen des Fehltritts ihres Torwarts, sondern weil der Schiedsrichter beim Wiederanpfiff der Partie nicht bemerkt habe, dass Fiske noch nicht spielbereit war. Der Einspruch wurde vom skandinavischen Verband abgelehnt und das im wahrsten Sinne des Wortes „Golden Goal" zählte.

Taschenspieler

Am 27. Mai 1934 fiel im Centenario-Stadion von Montevideo beim Derby zwischen CA Peñarol und dem Club Nacional de Football eines der außergewöhnlichsten Tore des uruguayischen Fußballs. Peñarols brasilianischer Stürmer Bahia feuerte einen strammen Schuss auf das Tor des Trikolore-Teams ab, allerdings verfehlte er sein Ziel knapp. Der Ball prallte neben dem Pfosten gegen die Tasche eines Betreuers, der von dort das Spiel verfolgte, und sprang ins Feld zurück. Nacionals Verteidigung hatte schon abgeschaltet, doch Peñarol-Stürmer Braulio Castro nutzte die Chance und beförderte den Ball ins Netz. Schiedsrichter Telésforo Rodriguez, dem der genaue Ablauf entgangen war, gab das Tor. Außer sich vor Wut stürzten sich die elf Nacional-Spieler auf den Schiedsrichter und verprügelten ihn, woraufhin das Derby abgebrochen werden musste.

Der Elfmeterpunkt

Der schottische Linksaußen Archie Gemmill hatte im Baseball Ground, dem damaligen Stadion von Derby County, einen traumhaften Tag erwischt. Sein Klub aus dem Herzen Englands führte an dem verregneten Nachmittag des 30. Aprils 1977 mit 3:0 gegen Manchester City, und kein Gegenspieler konnte den trickreichen Gemmill aufhalten. Zumindest nicht mit erlaubten Mitteln, denn vier Minuten vor Spielende holte Gary Owen ihn nach einer Ecke im Strafraum von den Beinen – Elfmeter. Gerry Daly, Mittelfeldspieler der Heimmannschaft, schnappte sich den Ball und hielt Ausschau nach dem Elfmeterpunkt. Doch der war im Matsch verschwunden. Manchester Citys gerissener Torwart, Joe Corrigan, wollte den Schiedsrichter überzeugen, die Ausführung fast bis an die Strafraumkante zurückzuverlegen, was ihm allerdings nur eine Gelbe Karte eintrug. Als die Suche nach dem Punkt erfolglos blieb, rief der Schiedsrichter schließlich den Platzwart Bob Smith, der mit Maßband, Pinsel und einem Topf weißer Farbe anrückte. Smith maß die geforderten elf Meter ab und malte mit dem Pinsel einen Punkt auf den Boden. Daly legte sich den Ball auf der feuchten Farbe zurecht, nahm Anlauf und versenkte ihn unhaltbar für Corrigan zum Endstand von 4:0 in der rechten Ecke – ein Tor wie „gemalt".

Die Urne

Der kräftige Wachmann vor dem Stadion Benito Villamarín in Sevilla ließ sich nicht erweichen. „So kann ich ihn nicht reinlassen." „Aber er hat doch eine Dauerkarte", erwiderte der kleine Fan in Grün und Weiß. Der Wachmann brauchte einige Augenblicke, um sich von seiner Verblüffung zu erholen, doch er blieb unnachgiebig. „Dauerkarte hin oder her, es ist zu gefährlich. Im Stadion sind sperrige Gegenstände verboten. Falls irgendjemand das Ding von der Tribüne wirft, könnte das ziemlich gefährlich werden." Der enttäuschte und wütende Junge fragte sich, wieso er wohl eine Urne aufs Feld werfen sollte. Da kam ihm eine brillante Idee.

In einem Supermarkt um die Ecke kaufte er eine Milchtüte, leerte sie in einen Gully und bastelte mit einer geborgten Schere für seinen Vater – besser gesagt: die Asche seines Vaters – ein Behältnis, mit dem man ihn hereinlassen würde. Der Mann hatte auf dem Totenbett seinem Sohn gegenüber den Wunsch geäußert, auch dann noch bei den Partien seines geliebten Vereins Betis Sevilla dabei sein zu wollen, wenn er seiner unheilbaren Krankheit erlegen sein würde. Und so begleitete der Verstorbene in einem harmlosen Milchkarton und mit seiner Dauerkarte für die Saison 1995/1996 seinen folgsamen Sohn in das andalusische Stadion zum ersten Heimspiel der Saison, einem 3:1-Sieg über Real Zaragoza.

Drei gegen einen

Ist es möglich, dass bei einem Elfmeter gleich drei Schützen verschießen? Aber sicher doch! Den Merkwürdigkeiten des Fußballs sind keine Grenzen gesetzt. Am 22. September 1973 empfing der FC Portsmouth in der englischen Second Division das Team von Notts County. Ein Elfmeter bot den Gästen im Fratton Park die große Chance, in Führung zu gehen, aber es blieb beim torlosen Unentschieden, da Kevin Randall, Don Masson und Brian Stubbs verschossen. Wie konnte es dazu kommen? Als Erstes parierte Heimtorwart John Milkins den Schuss von Randall. Allerdings hatte der Keeper die Torlinie zu früh verlassen, und so ordnete der Schiedsrichter eine Wiederholung an. Randall wollte sich dem Druck nicht noch einmal aussetzen und überließ Masson den Vortritt. Dieser traf, doch der Schiedsrichter hatte den Ball noch nicht freigegeben. Der aufgebrachte Masson verzichtete zugunsten von Stubbs. Dieser wartete den Pfiff ab, nahm Anlauf, schoss ... und verfehlte das Tor. Das erfolglose Trio ging mit dieser Demonstration der eigenen Unfähigkeit in die Annalen ein, aber immerhin kehrte es an jenem Nachmittag dank der Treffer ihrer zielsicheren Mitspieler Arthur Mann und Les Bradd als 2:1-Sieger nach Nottingham zurück.

Drei Rote Karten in vier Tagen

Gibt es jemanden, der es mit dem Rekord des unglücklichen Albaners Agim Shabani aufnehmen kann? Am 24. Juni 2007 wurde der Verteidiger des norwegischen Erstligaklubs Fredrikstad FK bei der 1:2-Auswärtsniederlage seines Klubs bei Strømsgodset IF wegen wiederholten Foulspiels vom Platz gestellt. Tags darauf lief der erst 19-jährige Shabani für die zweite Mannschaft auf. Der junge Mann konnte nicht aus seiner Haut, teilte einige Tritte aus und kassierte dafür abermals einen Platzverweis. Nur 48 Stunden darauf, am 27., kehrte der junge Verteidiger für das Pokalspiel gegen Nybergsund IL-Trysil in das weiße Trikot von Fredrikstad FK zurück. An dem Tag waren alle Augen im Stadion auf den Albaner gerichtet, und er enttäuschte die Zuschauer nicht: Nach einer weiteren Roten Karte für ihn unterlag seine Mannschaft mit 1:2. Der junge Mann wird nur deswegen nicht im *Guinness-Buch der Rekorde* erwähnt, weil es niemandem in den Sinn kam, seine sagenhafte Leistung von drei Roten Karten in vier Tagen zu melden.

Eine List

Im Jahr 1978 gelang Deportivo Cali, was noch keine kolumbianische Mannschaft geschafft hatte: Der Verein erreichte das Finale der Copa Libertadores. Unter dem argentinischen Trainer Carlos Bilardo setzte sich Cali, das schon 1977 überraschend das Halbfinale erreicht hatte, in der Gruppenphase gegen die Landsleute von Deportivo Junior aus Barranquila und die uruguayischen Klubs Peñarol und Danubio durch.

In dem im Modus „jeder gegen jeden" ausgetragenen Halbfinale blieb Deportivo Cali gegen die beiden Spitzenteams Alianza Lima aus Peru und Cerro Porteño aus Paraguay unbesiegt. Aber im Finale gegen die Argentinier von Boca Juniors waren „die Grünen" in den 180 Minuten von Hin- und Rückspiel machtlos gegen die Routine und gnadenlose Effektivität ihrer Gegner. Die erste Partie in Cali endete mit einem torlosen Unentschieden. Doch durch einen 4:0-Heimsieg im Rückspiel in Buenos Aires gewannen die „Xeneizes" (die „Genuesen", wie die Fans und Spieler von Boca genannt werden) unter Trainer Juan Carlos Lorenzo ihren zweiten kontinentalen Titel in Folge.

In seiner Autobiografie *Doctor y Campeón* berichtete Bilardo von einer ungewöhnlichen Episode beim Rückspiel in La Bombonera, der Heimstätte des Titelverteidigers: „Im Finalrückspiel der Copa Libertadores zeigte sich mir das ganze unfassbare Genie von ‚Toto' Lorenzo. Als wir in der Bombonera gegen Boca antreten mussten, brachte unser Spezialist Diego Umaña nicht eine Ecke in den Strafraum. Nach der ersten Halbzeit fragte ich ihn: ‚Diego, was ist los? Warum kommen deine Ecken nicht?' ‚Mister', antwortete er, ‚da ist ein Hund, der mich bei der Ausführung behindert.' ‚Ein Polizeihund?', fragte ich nach. ‚Genau. Sobald ich mich der

Eckfahne nähere, stürzt er sich auf mich und versucht, mich ins Bein zu beißen. Darum kann ich nicht schießen', erklärte er. Ein paar Tage darauf habe ich die Videoaufzeichnung des Spiels studiert, und da wurde mir klar, dass Umaña nicht gelogen hat. Bei jeder Ecke von uns lockerte der Hundeführer die Leine ein bisschen. Umaña hatte keinen Platz für einen vernünftigen Anlauf! Und der Hund war ziemlich Furcht einflößend, er kläffte und schnappte nach dem armen Umaña. Es war also nur vernünftig von Diego, lieber furchtbare Ecken zu schießen, als auf einem Bein vom Spielfeld zu humpeln. Toto war einfach clever. Ein Genie!"

Eine erstaunliche Wahl

Kurz vor Saisonbeginn der ersten argentinischen Liga wechselte 1906 der legendäre Torwart José Laforia vom Barracas Athletic Club zum Alumni Athletic Club (beide Vereine sind mittlerweile aus der Welt des Fußballs verschwunden). Ohne adäquaten Ersatz sah Barracas sich gezwungen, verschiedene Feldspieler im Tor auszuprobieren. Doch keiner von ihnen zeichnete sich auf dieser Position aus, daher wurde fieberhaft nach einem neuen Kandidaten gesucht.

Am 26. August des Jahres mussten die Männer von Barracas in das etwa 60 Kilometer nördlich von Buenos Aires gelegene Campana fahren, wo sie gegen den Reformer Athletic Club antreten sollten, eine bescheidene Truppe aus Arbeitern einer Kühlschrankfabrik. Es war ein kalter Morgen, und bei der Abreise zum gegnerischen Stadion erschienen nur acht Spieler am Bahnhof Retiro. Auf der Fahrt nach Campana überlegte die Mannschaft sich eine vermeintlich todsichere Maßnahme, um der zahlenmäßigen Unterlegenheit zu begegnen: Sie vertraute die schwierige Aufgabe im Tor Winston Coe an, einem der Gründer des Teams, der normalerweise als Rechtsverteidiger auflief. Aber der Schachzug ging nicht auf gegen die Reformer, die das geschwächte Team aus Buenos Aires mit 11:0 vom Platz fegten. Für Coe jedoch hatte die zeitgenössische Presse wie etwa die Zeitung *La Nación* nur Lob übrig, denn er verhinderte eine noch höhere Barracas-Schlappe und das trotz eines gravierenden Nachteils: Coe fehlte der linke Arm!

Spiel ohne Gegner

Der Hampden Park quoll am 19. April 1879 aus allen Nähten. Laut den Glasgower Zeitungen hatte sich „vor und im Stadion" eine „noch nie gesehene" Menschenmenge versammelt, um das schottische Pokalfinale zwischen den Rangers (das seinerzeit noch titellose Glasgower Team hatte bereits jede Menge Fans) und Vale of Leven Alexandria zu verfolgen.

Die Partie in dem mit 9.000 Zuschauern ausverkauften Stadion konnte erst mit einer halben Stunde Verspätung angepfiffen werden, weil die Polizei zunächst auf den Tribünen und unter den 3.000 Fans vor dem Stadion für Ordnung sorgen musste. Als das Spiel begann, legten die Rangers gleich los und kamen durch Willie Struthers zu einem schnellen Tor. Der auf den Geschmack gekommene Torschütze überwand kurz darauf mit einem kräftigen Schuss erneut den gegnerischen Torwart Robert Parlane. Aber weil die Tore zu der Zeit noch keine Netze hatten, konnte der Ball von einem Zuschauer abprallen und aufs Spielfeld zurückspringen. Der überforderte Schiedsrichter bekam nicht mit, dass der Ball die Torlinie überquert hatte, und ließ das Spiel ungeachtet der Rangers-Proteste weiterlaufen.

In der zweiten Halbzeit nutzte Vale of Leven einen Fehler von Torhüter George Gillespie zum Ausgleich. Dabei blieb es bis zum Ende. Spieler und Fans der Rangers waren außer sich vor Wut. Der Verein legte Protest gegen das Ergebnis ein und berief sich auf den Mann, der bei dem nicht gegebenen Struthers-Tor vom Ball getroffen worden war, einen Chirurgie-Professor der Universität Glasgow, „dessen Wort kein Vale-Fan anzweifeln wird". Doch der schottische Verband bestätigte das Ergebnis und setzte eine Woche später ein Wiederholungsspiel an selbiger Stelle an. Am 26. April erschien jedoch nur eine Mannschaft auf dem Rasen des Hampden Park: Vale of Leven Alexandria. Aus Protest gegen die Entscheidung des schottischen Verbands blieben die Rangers der Partie fern.

Zur festgesetzten Zeit und in Abwesenheit der „Blauen" pfiff der Schiedsrichter ein absurdes Match an: Vale gegen ... niemand! Vales Kapitän John McDougall passte sich den Ball mit James Baird und Peter McGregor zu und schob ihn schließlich ins leere Tor. Der Schiedsrichter, dem das Ganze wohl peinlich war, beendete die Farce, und die Mannschaft aus Alexandria konnte zum zweiten Mal in der Vereinsgeschichte den Cup in die Höhe stemmen. Auf der Liste der Sieger am Sockel des Pokals wurde eingraviert: „Vale of Leven, in Abwesenheit der Rangers".

Aus heiterem Himmel

Das Fußballstadion ist durch die dort herrschende emotionale Atmosphäre und das bunt gemischte Publikum eine hervorragende Bühne für kommerzielle und politische Werbung aller Art. Das hatte auch jener furchtlose Werbemann erkannt, der am 21. März 1948 in seinem Flugzeug über dem Gemeentelijk Parkstadion kreiste, wo in der ersten belgischen Liga die Gastgeber des FC Koninklijke Boom auf Beerschot Antwerpen trafen. Der Pilot ging mit seiner Maschine in den Sinkflug und warf durchs Fenster einen Stapel Werbezettel über einer der nicht überdachten Tribünen ab. Die Zettel schwärmten zu einer bunten Wolke aus, und die Zuschauer reckten ihre Hände gen Himmel, um einen der farbigen Zettel zu erwischen. Ein voller Erfolg!

Davon ermuntert, steuerte der Pilot auf die gegenüberliegende Seite des Stadions zu, um seine Aktion dort zu wiederholen. Allerdings unterlief ihm ein Fehler und der Stapel verteilte sich nicht, sondern landete ungeöffnet direkt auf dem Kopf des Schiedsrichters – und zwar genau in dem Moment, als Boom ein Tor schoss! Der Pilot war sich seines Fauxpas bewusst und floh, indessen Spieler und Linienrichter sich um den Schiedsrichter kümmerten. Doch glücklicherweise trug der Referee keinen schwerwiegenden Schaden davon. Er beriet sich mit seinen Assistenten und gab dann den Treffer, obwohl er ihn nicht gesehen hatte. Das Spiel ging ohne weitere Vorkommnisse weiter und endete mit einer 3:4-Heimniederlage, die für die Gastgeber wie aus heiterem Himmel gekommen zu sein schien.

Der Hund, der ein Tor schoss

Die folgende Geschichte klingt schlicht unglaublich, aber mehrere angesehene englische Zeitungen wie *The Independent* verbürgen sich für den Wahrheitsgehalt. Im November 1985 standen sich im Monks Neil Park die beiden Teams von Knave of Clubs und Newcastle Town in einer Begegnung des Staffordshire Sunday Cups gegenüber. Beim Stand von 0:2 schickte ein Verteidiger von Knave of Clubs einen langen Ball in die gegnerische Hälfte in der Hoffnung, dass dieser einen seiner Mitspieler in Weiß erreichen würde. Aber bevor es dazu kommen konnte, rannte ein dreister Hund aufs Feld, stürzte zum Ball und beförderte ihn mit einer wunderbaren Pirouette am verdutzten Keeper vorbei ins Netz. Sodann nahm der vorwitzige Hund die Beine in die Hand und rannte unter dem Gelächter der 22 Spieler, der Unparteiischen und der Handvoll Zuschauer vom Spielfeld.

Einigen der Spieler verging das Lachen jedoch schnell wieder, denn der offenkundig wenig regelfeste Schiedsrichter gab den Treffer. In den Regeln heißt es für den Fall, dass „bei laufendem Spiel ein zweiter Ball, ein anderer Gegenstand oder ein Tier auf das Spielfeld gelangt", der Schiedsrichter „das Spiel [...] unterbrechen und mit einem Schiedsrichterball fortsetzen [muss], wenn das Spielgeschehen gestört wurde". Die Proteste der Newcastle-Spieler blieben fruchtlos, dabei erklärte der (ebenfalls nicht regelfeste) Torwart dem Schiedsrichter sogar ausdrücklich, dass er den Hund nur deshalb hatte gewähren lassen, weil ein derartiger Vorfall nicht im Regelwerk vorgesehen sei. „Eben", erwiderte der Schiedsrichter, „in den offiziellen Regeln steht nichts von einem Hund." Trotz der ahnungslosen Entscheidung setzte Newcastle das Spiel fort. Und auch der Schiedsrichter und der skurrile Treffer verhinderten nicht, dass die Opfer der Hundeposse sich letztlich 3:2 durchsetzten.

Ein schöner Rücken ...

Spieler, die mit einem Strafstoß nicht einverstanden sind, rücken dem Schiedsrichter häufig auf die Pelle, so nah, dass der Schiedsrichter ihren Atem spüren kann. Dieser Anblick ist derart normal geworden, dass es weltweit für umso mehr Aufsehen sorgte, als der Rumäne Remus Dănălache seinem Ärger auf andere Weise Luft machte.

Am 16. Oktober 2011 hätten die Spieler des rumänischen Vereins CSU Voinţa Sibiu in dem hitzigen Erstligaduell gegen Petrolul Ploieşti Schiedsrichter Andrei Chivulete am liebsten bei lebendigem Leib gegrillt. In ihren Augen lagen sie nur wegen ihm mit 1:3 zurück, nachdem er in der 30. Minute Claudiu Bunea und in der 48. Minute ihren Torwart Bogdan Miron mit vermeintlich ungerechtfertigten Roten Karten vom Platz gestellt hatte. Endgültig platzte den Männern von Voinţa Sibiu der Kragen, als Chivulete in der 90. Minute Petrolul einen zweifelhaften Elfmeter zusprach. Acht der Spieler aus Sibiu stürmten wild protestierend auf den Schiedsrichter ein. Nur der Ersatzkeeper Remus Dănălache, der neunte noch verbliebene Spieler der Mannschaft, kehrte dem Treiben den Rücken zu – und das im wörtlichen Sinne. Dănălache, der nach Mirons Roter Karte für Rareş Forika eingewechselt worden war, tat seinen Unmut über die Schiedsrichterleistung auf höchst originelle Weise kund: Er drehte dem Elfmeterschützen den Rücken zu! Der bereits zweimal erfolgreiche Daniel Opriţa konnte mühelos einschieben, da der Keeper bewegungslos verharrte.

Obwohl der Torwart regelkonform auf der Linie gestanden hatte, annullierte Chivulete unerklärlicherweise das Tor, zeigte Dănălache die Gelbe Karte und ließ den Strafstoß wiederholen. Opriţa verwandelte abermals sicher zum 4:1, indessen der Keeper erneut bewegungslos stehen blieb, doch dieses Mal dem Schützen zugewandt. Nach dem Spiel erklärte Dănălache, dass seine Geste mit den Mitspielern und dem Trainer, Alexandru Pelici, abgesprochen gewesen sei. Beeindruckt vom überraschenden Verhalten des Keepers, verabschiedeten die Petrolul-Fans die gegnerische Mannschaft mit Applaus und Hochrufen. Eine vergleichbare Wertschätzung blieb Chivulete versagt. Laut der Sportzeitung *Gazeta Sporturilor* wurde der Referee wegen mehrerer schwerwiegender Fehlentscheidungen, darunter die Wiederholung des Strafstoßes, für sechs Monate gesperrt.

Aufruhr

Jeder von uns hat das schon erlebt: heftige, zunächst nur lästige innere Krämpfe zur Unzeit, die schließlich nicht mehr auszuhalten sind. Jede Bewegung wird zur Qual, und an Fußballspielen ist nicht mehr zu denken.

Am 12. April 1999 bat in der argentinischen zweiten Liga Fabián Binzugna, der Torwart von Deportivo Morón, Schiedsrichter Rubén Favale, die Partie gegen CSD Defensa y Justicia zu unterbrechen, da das Rumoren in seinem Magen unerträglich wurde. Es lief die 70. Minute, der Klub aus der Nähe von Buenos Aires hatte sein Auswechselkontingent bereits erschöpft, und bis zur Toilette in der Umkleidekabine waren es vom Tor des verzweifelten Binzugna rund 100 Meter. „Wenn Sie gehen müssen, werden wir auf Sie warten. Sie sind schließlich der Torwart", erklärte Favale verständnisvoll. Das Spiel wurde unterbrochen, und der Torwart stürmte los in Richtung Toilette.

Der Konditionstrainer des Teams begleitete Binzugna in die Kabine und half ihm, Handschuhe und Trikot auszuziehen. Die Magenkrämpfe wollten nicht nachlassen, doch Binzugna musste entsetzt feststellen, dass die drei Toiletten in der Kabine alle besetzt waren – von seinen Mitspielern, die kurz vor ihm das Feld verlassen hatten, den Verteidigern Gonzalo Martínez und Luciano Kirokián und dem Stürmer Fernando Rodríguez. Sie alle litten unter denselben Krämpfen.

Als Rodríguez, dem es noch am besten ging, die dringende Lage klar wurde, räumte er seinen Platz für Binzugna, der sich rasch seines Problems entledigte und aufs Spielfeld zurückkehrte. Nach dem Spiel erklärte der Keeper, der sich inzwischen etwas erholt hatte, dass er und seine

Mannschaftskameraden vom verdorbenen Mittagessen eine Lebensmittelvergiftung gehabt hätten. Aber auch der Magen eines anderen wurde an dem Tag einer harten Prüfung unterzogen: Der arme Zeugwart von Morón erlebte erster Hand (oder besser: auf den Füßen) Martínez' Qual mit, da das Unheil seinen Lauf nahm, bevor der Spieler es bis zur Toilette schaffte.

Zu früh gejubelt

Vielleicht wollte Torwart Hans-Jörg Butt es einfach nur seinen südamerikanischen Kollegen Rogerio Ceni, René Higuita und José Luis Chilavert gleichtun. Aber sein Ausflug hatte fatale Folgen. Am 17. April 2004 führte seine Mannschaft Bayer Leverkusen in der Gelsenkirchener Veltins Arena 2:1 gegen Schalke 04, als sie in der 75. Minute von Referee Jörg Kessler einen Elfmeter zugesprochen bekam. Der Keeper trabte hocherhobenen Hauptes zum gegnerischen Strafraum, um sich der Sache anzunehmen. Mit einem Schuss in die linke untere Ecke überwand der Keeper seinen Widerpart Christofer Heimeroth. Glückstrunken feierte er mit seinen Mannschaftskollegen das 3:1. Doch der überhebliche Butt ließ sich nicht nur viel Zeit mit seinem Jubel, er dehnte ihn auch noch in die eigene Hälfte aus, sodass Mike Hanke von den Gastgebern unmittelbar nach Wiederanstoß den Ball aus dem Mittelkreis in das noch leere Gästetor schießen konnte. Dennoch konnte der übertölpelte Butt zumindest am Ende wieder jubeln, denn trotz seines Patzers gewann sein Team.

Ungebremster Protest

Vermutlich wurde noch nicht ein einziger Elfmeterpfiff einfach hingenommen. Wenn sich nicht die Spieler beschweren, dann die Trainer. Und die Fans protestieren ohnehin immer. Beispiellos ist allerdings die Vergeltungsaktion, die 1965 ein Spieler aus dem ehemaligen Jugoslawien gegen Schiedsrichter Platon Rejinac startete. Rejinac hatte es nicht nur gewagt, gegen Crvena Zvedzda Beograd (Roter Stern Belgrad) einen Elfmeter zu verhängen, sondern das noch dazu eine Minute vor Spielende, als es unentschieden stand. Während sich zehn Spieler der bestraften Mannschaft um Rejinac drängten und seine gesamte Familie in den Dreck zogen, verließ der elfte Spieler das Feld scheinbar unbeteiligt durch einen Seitenausgang. Aber was auf den ersten Blick nach kühler Beherrschtheit aussah, sollte sich schon bald als absoluter Wahnwitz herausstellen: Der Spieler setzte sich ans Steuer seines Wagens, walzte auf dem Weg ins Stadion einen Zaun nieder und begann, den Schiedsrichter quer übers Spielfeld zu jagen. Nach einigen Minuten angespannter Fassungslosigkeit wurde der aufgebrachte Spieler von der Polizei überwältigt und schließlich wegen versuchten Mordes zu zwei Jahren Haft verurteilt. Pikanterweise sperrte der jugoslawische Fußballverband den Spieler gleichfalls nur zwei Jahre.

Verraten und verkauft

Am 14. März 1936 sollten Bradford City und die Doncaster Rovers in der englischen Second Division gegeneinander antreten. Beide Mannschaften standen auf dem Spielfeld bereit, doch der Anpfiff verzögerte sich: Einer der Linienrichter war nicht im Stadion Valley Parade erschienen. Der Schiedsrichter machte sich auf die Suche nach einem Ersatz, wurde aber nicht fündig. Als er die Partie schon absagen wollte, erklärte sich schließlich der Ersatzspieler George Flowers von der Gästemannschaft bereit, für den abwesenden Schiedsrichterassistenten einzuspringen. Da zu jener Zeit Auswechslungen noch nicht erlaubt waren, wäre er ohnehin nicht zum Zug gekommen. Doch bei Abpfiff waren die Spieler von Doncaster nicht gut auf ihren Mitspieler zu sprechen. Erstens hatten sie 3:1 verloren, ohne dass er ihnen geholfen hätte, und zweitens mussten sie die Heimreise mit weniger Geld in der Tasche antreten als ihr Kumpel: Jeder von ihnen kassierte für die Niederlage ein Pfund und zehn Schillinge, während Flowers die reguläre Entschädigung für Linienrichter in Höhe von einem Pfund, elf Schillingen und sechs Pennies einstrich.

Guter Rat

Rund um den Globus haben schon viele Feldspieler das Tor bei einem Elfmeter gehütet, nachdem der Stammtorwart mit Roter Karte hinausgestellt worden war oder sich verletzt hatte. Aber wohl niemand profitierte dabei von vergleichbarer Unterstützung wie der chilenische Verteidiger Cristian Álvarez am 12. Oktober 2002. Auf dem Höhepunkt der hitzigen Begegnung von Universidad Católica und Universidad de Chile entschied der Unparteiische Carlos Chandía beim Stand von 1:1 auf Strafstoß für die Gäste.

Leider hatte sich der etatmäßige Keeper Jonathan Walker bei einem heftigen Zusammenprall mit dem gegnerischen Stürmer Mauricio Pinilla verletzt, und da Católica bereits die erlaubten drei Wechsel vollzogen hatte, streifte Álvarez die Handschuhe über, um sich dem Schützen zu stellen. Kurz bevor Chandía den Ball freigab, flüsterte er Álvarez törichterweise zu: „Von dir aus links, du solltest nach links springen." Genau das tat Álvarez dann auch. Der Verteidiger im Tor warf sich in die linke Ecke und wehrte den Schuss ab. Für Universidad Católica nahm die Geschichte mithin ein gutes Ende, nicht jedoch für Chandía, denn sein unangemessener Ratschlag war von den Fernsehmikrofonen am Spielfeldrand eingefangen worden. Sein Fehlverhalten ging durch die Medien und wurde zum nationalen Skandal. Einen Tag darauf beriet die Asociación Nacional de Fútbol Profesional über den Vorfall und kam zu dem Schluss, dass der Referee zwar nicht wissen konnte, wohin González schießen würde, er aber dennoch für seine Verantwortungslosigkeit und sein loses Mundwerk zu bestrafen sei.

Vorlage vom Botschafter

Im abschließenden Spiel der Copa América 1927 in Lima ging der argentinischen Führung gegen Peru ein skurriler Vorfall voraus, den der uruguayische Schiedsrichter Victorio Gariboni eigentlich hätte unterbinden müssen. Die Veranstalter hatten den US-amerikanischen Botschafter Miles Poindexter eingeladen, am 27. November vor den rund 15.000 Zuschauern im Nationalstadion von Lima den „Anstoß" vor dem eigentlichen Anstoß auszuführen, ein diplomatisches Prozedere, das zu jener Zeit weltweit in vielen Sportarten üblich war.

Beide Mannschaften hatten pünktlich in ihren Hälften Aufstellung genommen, und Poindexter kickte den Ball in Richtung der Argentinier in den himmelblau-weiß gestreiften Trikots. Der Ball rollte zum Verteidiger Humberto Recanatini, der nicht etwa das Spiel unterbrach, sondern einen langen Schlag in die peruanische Hälfte tat. Dorthin war bereits Stürmer Manuel „Nolo" Ferreira gerannt, er brachte den Ball unter Kontrolle und schoss in das von Jorge Pardón gehütete Tor – sehr zum Erstaunen der heimischen Verteidiger, die keine Anstalten machten, ihn aufzuhalten. Die Peruaner protestierten, aber Schiedsrichter Gariboni gab das Tor, weil er irrtümlich davon ausging, dass das Spiel mit Poindexters Schuss regulär begonnen hätte.

Vergessliche Schiedsrichter

Als Rosenborg Trondheim am 6. Mai 2009 am siebten Spieltag der ersten norwegischen Liga Fredrikstad FK empfing, vergaß der Schiedsrichter Per Ivar Staberg die traditionelle Münze für die Platzwahl in der Kabine. Anstatt den Anpfiff aufzuschieben und die Münze aus der Kabine zu holen, hatte Staberg einen originellen Einfall: Er bat die beiden Mannschaftskapitäne Mikael Dorsin und Hans Erik Ramberg zum alten Kinderspiel *Schere, Stein, Papier*. Die 15.000 Zuschauer hatten ihren Spaß, als Ramberg die Wahl erst beim dritten Mal gewann (die ersten beiden Versuche endeten unentschieden).

Ein anderer zerstreuter Schiedsrichter namens Oscar Sequeira musste am 31. August 1997 bei der 1:3-Heimniederlage der sogenannten *Millonarios* von River Plate gegen Rosario Central in der argentinischen Liga den Platzverweis gegen den paraguayischen Spieler Celso Ayala von der Heimmannschaft im wahrsten Sinne des Wortes „aussprechen". Warum? Er hatte die Rote Karte in der Kabine liegen lassen! Der paraguayische Verteidiger sah es locker. „Ehrlich gesagt, habe ich es nicht kapiert: Er hat mich vom Feld geschickt, dabei habe ich gar keine Rote Karte gesehen!", erklärte er nach dem Spiel schmunzelnd.

Der Wankelmütige

Laut den Regeln darf ein Schiedsrichter eine Entscheidung nur dann zurücknehmen, wenn er einen Irrtum bemerkt oder von einem seiner Assistenten oder dem vierten Offiziellen einen Hinweis erhält – sofern das Spiel noch nicht fortgesetzt oder beendet wurde. Diese Bestimmung kann theoretisch sehr sinnvoll sein, allerdings wird sie häufig falsch umgesetzt und richtet dann eher Schaden an. So geschehen bei einer israelischen Partie im August 2009.

In der zweiten Halbzeit der Erstligapartie zwischen Maccabi Tel Aviv und dem FC Bnei Sachnin erkannte Schiedsrichter Assaf Kenan auf Tor für Maccabi, was das 3:1 für das Heimteam bedeutet hätte. Alle drei Treffer hatte der Armenier Ilya Yavruyan erzielt. Doch auf Intervention eines Assistenten entschied Kenan wenige Augenblicke später auf Foul eines Maccabi-Spielers im Vorfeld des Treffers. Als die Gastgeber vehement protestierten und ihn sogar beleidigten, änderte der Schiedsrichter seine Meinung erneut, gab Yavruyans Tor und deutete zum Mittelpunkt.

Das brachte wiederum die Spieler aus Sachnin auf. Sie stürmten zum Schiedsrichter, beschwerten sich heftig, und drohten, das Spielfeld zu verlassen, falls der Referee den Treffer nicht annullierte. Der nachgiebige Kenan knickte erneut ein und ließ das Spiel vor den verblüfften 8.000 Zuschauern im Bloomfield-Stadion beim Stand von 2:1 fortsetzen. Das Spiel endete schließlich trotzdem 3:1, nachdem Sherran Yeini eine Minute vor Abpfiff das vorentscheidende Tor gelang. Ob es einen Platzverweis in dem Spiel gab? Nun, Kenan hat sich noch nicht entschieden ...

Wiedergutmachung

Selhurst Park, London, 4. Januar 1998. In der dritten Runde des FA Cups haben die Gastgeber vom FC Wimbledon Eckball gegen den FC Wrexham. Beim Stand von 0:0 läuft bereits die Nachspielzeit. Neil Ardley nimmt Anlauf, der Ball segelt durch den Strafraum und fliegt von Marcus Gayles Kopf ins Tor. Sieg in letzter Minute? Aber nicht mit Steve Dunn! Der Schiedsrichter pfeift das Spiel im denkbar schlechtesten Moment ab – während der Ball gerade in der Luft ist. Die Spieler der Londoner Mannschaft mit ihrem Coach Joe Kinnear brüllen auf Dunn ein und würden ihn am liebsten lebendig häuten. Doch der Schiedsrichter hat ein dickes Fell und hält an seiner Entscheidung fest, obwohl ihm klar ist, dass er Mist gebaut hat. Und so endet die Partie mit einem torlosen Unentschieden.

Racecourse Ground, Wrexham, Wales, 13. Januar 1998, Wiederholungsspiel zwischen FC Wrexham und FC Wimbledon. Heute muss die Entscheidung fallen, wer in die nächste Runde des traditionsreichen Pokalwettbewerbs einzieht. Erneut leitet Steve Dunn die Partie. Erneut ist Wimbledon bei unentschiedenem Spielstand im Angriff. Erneut gibt Neal Ardley eine Flanke herein. Erneut köpft Marcus Gayle den Ball ins Netz. Erneut ist der Treffer umstritten. Der Linienrichter hat die Fahne gehoben, weil er Gayle im Abseits gesehen hat. Doch Dunn entscheidet das Wiederholungsspiel, indem er diesmal den Treffer gibt. Ihm zufolge stand der englische Stürmer – der im Jahr darauf bei der WM in Frankreich im jamaikanischen Trikot auflaufen sollte – eindeutig nicht im Abseits. Dieses Mal würden am liebsten die Waliser Dunn umbringen. Insbesondere, da er ihnen Sekunden vor dem Ende noch einen klaren Elfmeter verweigert, als Alan Kimble FC Wrexhams Verteidiger Mark McGregor im Strafraum foult. Der Schlusspfiff ertönt, und Wimbledon hat es in die nächste Runde geschafft. Dunn tritt ruhigen Gewissens die Heimreise an. Der Gerechtigkeit war Genüge getan, wenn auch auf Kosten eines Unrechts.

Verhört

Am 8. November 1972, dem sechsten Spieltag der ersten argentinischen Liga, führte CA Huracán im heimischen Parque de los Patricios 2:0 gegen Estudiantes de La Plata. Die Gäste drängten auf den Anschlusstreffer und bekamen von Referee Washington Mateo kurz vor Ende der ersten Halbzeit nach einem klaren Foul einen Strafstoß zugesprochen. Aber ein Assistent des Schiedsrichters hatte gesehen, dass das Foul deutlich außerhalb des Strafraums passiert war, und auf seine Intervention hin nahm Mateo den Strafstoß zurück und gab stattdessen Freistoß an Huracáns Strafraumkante. Die Entscheidung brachte die Spieler in Rot-Weiß auf, und sie bedachten den Mann in Schwarz mit wilden Gesten und vulgären Beschimpfungen.

Inmitten des Durcheinanders holte der Referee die Rote Karte heraus und zeigte sie dem Mittelfeldspieler Carlos Alberto De Marta, der ihm vermeintlich eine eindeutige, grobe Beleidigung an den Kopf geworfen hatte. Das Spiel wurde fortgesetzt, und in Überzahl konnte Huracán die Führung auf 5:1 ausbauen. Mateo verfasste seinen Bericht, und eine Woche darauf wurde De Marta vor die Disziplinarkommission des argentinischen Fußballverbands zitiert. Wie angeordnet, erschien der Spieler am Verbandssitz in der Calle Viamonte 1366 vor dem zuständigen Ausschuss, doch am Tag danach wurde statt einer möglichen schweren Bestrafung eine Sperre von lediglich einer Partie ausgesprochen, dem Schriftstück 6506 der offiziellen Akten zufolge „wegen Protests gegen eine Tatsachenentscheidung". Wieso die milde Strafe? Die Kammer kam zu der Ansicht, dass Mateo sich geirrt haben musste, als er eine Beschimpfung des Mittelfeldspielers gehört zu haben glaubte – und das nicht etwa nur wegen des Durcheinanders in der Situation: De Marta war von Geburt an taubstumm!

Wagemutig

Im Januar 1965 sperrte der Verband des brasilianischen Bundesstaats São Paolo den Schiedsrichter Albino Zanferrari für 15 Tage wegen seiner Leistung während des intensiven Derbys zwischen dem FC Santos und Botafogo FR, das mit einem Gästesieg geendet hatte. „Er hat die Regeln nach eigenem Gutdünken ausgelegt", erklärte die mit dem Fall befasste Verbandskammer. Was für einen schlimmen Fehler Zanferrari sich geleistet hatte? Er hatte Edson Arantes do Nascimento, dem weltberühmten „König" Pelé, die Rote Karte gezeigt.

Begnadigung

Am 19. Oktober 1996 ereignete sich im Millerntor-Stadion von St. Pauli etwas Einmaliges: Ein Spieler wurde vom Platz gestellt, doch die Rote Karte wurde gleich darauf zurückgenommen, und der Spieler kehrte aufs Spielfeld zurück. Schuld an dem kuriosen Vorfall war ein Aussetzer des Schiedsrichters Jürgen Aust während der Bundesligapartie zwischen dem FC St. Pauli und dem SC Freiburg. In der zweiten Halbzeit stellte Aust den Verteidiger Dieter Frey (Rückennummer 2) nach einem schweren Foul vom Platz, da Frey nach Austs Notizen bereits in der ersten Hälfte eine Gelbe Karte gesehen hatte. Der Verteidiger, der sich nicht an die erste Karte erinnern konnte, stürmte aufgebracht in die Kabine, um seine Wut unter der kalten Dusche abzukühlen. Als er bereits unter dem Wasserstrahl stand, kam ein Assistent von Trainer Volker Finke aufgeregt angerannt. Ein Linienrichter hatte dem Referee mitgeteilt, dass es sich bei dem in der ersten Hälfte mit Gelb verwarnten Spieler um Martin Spanring (Rückennummer 5) gehandelt hatte, nicht um Frey. Aust nahm die Rote Karte zurück und unterbrach das Spiel, bis der hinausgestellte Spieler zurückgekehrt war. Der Verteidiger warf sich hastig wieder seinen Dress über und kehrte aufs Spielfeld zurück. Aber die Begnadigung half seiner Mannschaft nicht: Freiburg verlor 0:2.

Auch Schiedsrichter Juan Carlos Moreno nahm eine Entscheidung zurück, und zwar in der Partie von CA Ituzaingó gegen Defensores de Cambaceres vom Dezember 1998 in der argentinischen Division C (vierte Liga). Allerdings hatte bei ihm der Sinneswandel einen völlig anderen Grund. Moreno verhängte einen Strafstoß gegen Gästestürmer Luis Alberto Monteporzi, der in einem heftigen Wutausbruch die Entscheidung mit wilden Beleidigungen kommentierte. Das brachte den Schiedsrichter so auf, dass er die Rote Karte aus der Tasche kramte. Versehentlich zog er dabei auch einige Geldscheine heraus. Der Wind verteilte die Scheine über das gesamte Feld, doch die Spieler von Cambaceres (einschließlich Monteporzi) fingen sie geschickt wieder ein und gaben sie Moreno zurück. Beeindruckt von der noblen Geste, zog der Schiedsrichter den Platzverweis zurück und beließ es bei einer Gelben Karte. Mit allen elf Spielern an Bord gewann Defensores 3:1.

Bevor es die Copa Libertadores de América und den Europapokal der Landesmeister gab, rief 1952 eine Gruppe venezolanischer Geschäftsleute unter großer Anteilnahme ein Klubturnier mit äußerst unbescheidenem Namen ins Leben: die „kleine Weltmeisterschaft". Der Wettbewerb ohne Qualifikationsmodus wurde im Modus „jeder gegen jeden" ausgetragen, mit ausgewählten Teilnehmern aus Europa und Amerika wie Real Madrid, FC Barcelona, AS Rom, Benfica Lissabon, River Plate, Botafogo FR, FC São Paolo und CR Vasco da Gama. Das Turnier fand elf Jahre, bis 1963, statt. In dem Jahr entführte eine lokale Guerillagruppe namens *Fuerzas Armadas de Liberación* während des Turniers niemand Geringeren als Real Madrids Topstar Alfredo Di Stéfano. Der Spieler wurde 72 Stunden in Gefangenschaft gehalten, und obwohl er gut behandelt wurde und sein Leben zu keinem Zeitpunkt in Gefahr war, hielt die Geschichte die ausländischen Teams von einer Rückkehr ab.

Bei der ersten Ausgabe der „kleinen Weltmeisterschaft" war Di Stéfano noch einer der herausragenden Akteure gewesen, wenn auch nicht als Mitglied der „Weißen", sondern des kolumbianischen Teams CD Los Millonarios, seiner ersten Station außerhalb Argentiniens. Am 27. Juli 1952 traf das Team der Millonarios – das wegen seiner Qualität und Trikotfarbe den Spitznamen „blaues Ballett" trug – im Stadion von Universitario de Caracas auf Real Madrid. Die Partie bot den Zuschauern ein technisch höchst anspruchsvolles, wenn auch etwas hart geführtes Spektakel. Bei einem der unbarmherzigen Duelle geriet Di Stéfano mit dem galizischen Stürmer Manuel Fernández Fernández, bekannt als „Pahiño", aneinander. Mitten auf dem Rasen begannen die beiden Spieler eine Schlägerei.

(Eine interessante Randnotiz: Ein Jahr später verdrängte der Argentinier bei Real Madrid Pahiño, der sich nach dem Verlust seines Stammplatzes zu Deportivo La Coruña zurückzog.) Der venezolanische Schiedsrichter stellte beide Spieler vom Platz, doch beide weigerten sich, zu gehen. Diese Weigerung und die Tatsache, dass die Rote Karte erst knapp 20 Jahre später eingeführt wurde, lösten eine erhitzte 15-minütige Diskussion aus, bis Sainz schließlich kapitulierte und die Partie mit allen 22 Spielern fortsetzen ließ. Das Duell endete 1:1, und wie es der Zufall will, erzielte ausgerechnet Di Stéfano wenige Minuten nach dem Rückzieher des Schiedsrichters den Treffer für Millonarios.

Das dritte und entscheidende Finalspiel um den Weltpokal 1967 zwischen Celtic Glasgow und Racing Club aus Argentinien (im Modus von Hin- und Rückspiel hatten beide Mannschaften zu Hause gewonnen) war ein Gemetzel. Die Partie am 4. November im Centenario-Stadion von Montevideo glich mehr einem Ring- und Boxkampf als einem Fußballspiel. Die 22 Spieler zeigten ein erstaunliches Repertoire an Schlägen und Tritten und teilten beherzt aus, womit sie dem paraguayischen Schiedsrichter Rodolfo Pérez Osorio das Leben schwer machten. Wie die (unparteiische) spanische Zeitung *El Mundo Deportivo* berichtete: „Es war eine ausgesprochen brutale Partie mit unzähligen Gewalttätigkeiten und Übergriffen." Der Schiedsrichter hatte alle Hände voll zu tun, denn neben allen sprachlichen Verständigungsproblemen mit der europäischen Mannschaft musste er auch noch sechs Platzverweise aussprechen: gegen Alfío Basile und Juan Carlos Rulli auf argentinischer Seite und Robert Lennox, John Hughes, James Johnstone und Robert Auld auf schottischer. Dennoch endete das Entscheidungsspiel – das Racing 1:0 gewann – mit 17 Spielern auf dem Feld. Wieso? Weil Auld – ein herausragender Mittelfeldspieler und der Held des europäischen Landesmeisterfinales gegen Inter Mailand – sich weigerte, das Feld zu verlassen. Pérez Osorio und der schottische Spieler lieferten sich ein heftiges Wortgefecht, bis es dem Schiedsrichter reichte: Da nur noch wenige Sekunden zu spielen waren und es unwahrscheinlich schien, dass sich am Ergebnis noch etwas ändern würde, pfiff der Referee wieder an. Mit einem Spieler mehr kontrollierte Racing das Geschehen und gewann als erste argentinische Mannschaft den Weltpokal. Die Reaktion der Vereine auf das hitzige Finale fiel höchst gegensätzlich aus. Während Celtic seinen Spielern jeweils 250 Pfund Strafe für die beschämenden Boxeinlagen aufbrummte, erhielt jeder der Racing-Spieler ein Auto. Weil sie das Spiel gewonnen hatten, versteht sich.

Nackte Anklage

Der Trainer der brasilianischen Mannschaft Itaperuna Esporte Clube, Paulo Matta, explodierte. Nicht nur hatte der gegnerische Stürmer Edmundo bei seinem Treffer zum Endstand von 3:2 für Vasco da Gama im Stadion Jair Bittencourt im Abseits gestanden und damit den Gästen die Copa Carioca 1997 gesichert. Darüber hinaus hatte Schiedsrichter José Carlos Santiago drei seiner Männer vom Platz gestellt. Aus Wut über die Schwächung seines Teams, durch die Matta sich um die Früchte seiner Arbeit gebracht sah, stürmte er aufs Feld, zog sich die Hose hinunter und streckte dem Schiedsrichter den nackten Hintern entgegen. „Ich habe ihn gefragt, ob er darauf vielleicht auch noch scharf wäre." Der Trainer startete einen wahren Amoklauf vor den Mikrofonen der Medien, die jede Sekunde des ungewöhnlichen Schauspiels genossen. „Ich habe mich ausgezogen, weil ich es einfach satthabe, wenn meine ehrliche Arbeit auf derart skandalöse Art und Weise zunichtegemacht wird", erklärte der FKK-Trainer und fügte hinzu, dass „der Fußball in Rio de Janeiro eine Schande" sei. Nachdem er mit einer drastischen 400-tägigen Sperre belegt worden war, beendete Matta seine Trainerkarriere und wagte einen Neustart: als Sänger!

Der Feind in den eigenen Reihen

Nueva Chicago war 1946 einer der Favoriten der Primera B, der argentinischen zweiten Liga. Am Nachmittag des 27. Aprils untermauerte die Mannschaft das im heimischen Mataderos-Stadion und fegte Barracas Central vom Platz. In der 75. Minute stand es bereits 6:1, als Schiedsrichter Carlos Mauri der Heimmannschaft einen Strafstoß zusprach. Oscar Meloni legte sich den Ball auf dem weißen Punkt zurecht und machte sich bereit zum Anlauf. In dem Moment baute sich der stattliche Verteidiger Raúl Cocherari, Melonis Mannschaftskamerad, vor ihm auf und sagte: „Du hast schon zwei versenkt, jetzt bin ich dran." Meloni ließ sich nicht einschüchtern und forderte seinen Mitspieler auf, den Weg freizumachen. „Hierfür bin ich zuständig." Der Streit wurde zuerst nur mit Worten ausgetragen, dann mit den Fäusten, sodass die übrigen Spieler der „kleinen Bullen" die Streithähne trennen mussten, und Schiedsrichter Mauri die beiden vom Platz stellte. Daher wurde der Strafstoß letztlich weder von Meloni noch von Cocherari ausgeführt, sondern von Manuel Malachane, der aus elf Metern den siebten Treffer für Chicago erzielte. Die beiden Stammspieler wurden wegen des kuriosen Zwischenfalls gesperrt, und ohne sie verloren die Grün-Schwarzen die nächste Partie gegen CA Los Andes. Ihre Siegessträhne war beendet und am Saisonende verpassten sie den Aufstieg, den sich stattdessen der CA Banfield sicherte.

Auf der falschen Seite

Im März 1998 gab es bei einer unterklassigen Begegnung im englischen Scarborough einen der kuriosesten Elfmeter aller Zeiten. Die Partie zwischen dem FC Tap and Spile und den Rangers Reserves verlief völlig ausgeglichen, bis Schiedsrichter Steve Ripley den Gästen einen Elfmeter zusprach. Bevor noch einer der Rangers-Spieler den Strafstoß ausführen konnte, ließ der Kapitän von Tap and Spile, Paul Flack, seinem Ärger wegen der vermeintlich ungerechten Strafe auf höchst eigenwillige Weise freien Lauf. Er nahm im Strafraum ein paar Schritte Anlauf und versenkte den Ball zur allgemeinen Verblüffung im eigenen Tor. Eigentlich hätte der Referee den Treffer nicht anerkennen dürfen, da den Regeln zufolge der Schütze klar bestimmt sein muss und die Spieler des bestraften Teams sich mit Ausnahme des Torhüters außerhalb des Strafraums hinter dem Elfmeterpunkt und mindestens 9,15 Meter vom Ball befinden müssen. Wird gegen eine dieser Bestimmungen verstoßen, muss der Strafstoß wiederholt werden. Aber der Schiedsrichter war derart verärgert über Flacks respektlose Aktion, dass er den Treffer gab. Eine harte Strafe für das unsportliche Verhalten des Kapitäns: Sein Team unterlag an jenem Nachmittag mit 4:5.

Rote Karte für Grün

Das ständige Echo irritierte Schiedsrichter Gary Bailey. Jedes Mal, wenn er pfiff, ertönte auf der anderen Seite des Spielfeldes ein identischer Pfiff und verwirrte die Menschen im Stadion des englischen Hatfield rund 40 Kilometer nördlich von London. Bailey blies in seine Trillerpfeife und das Spiel wurde fortgesetzt, nur um gleich darauf erneut von dem mysteriösen Echo unterbrochen zu werden. So konnte es im Viertelfinale der Centenary Trophy zwischen Hatfield Town und Hertford Heath nicht weitergehen.

Irgendwann reichte es dem Schiedsrichter, er unterbrach die Partie und begab sich auf die Suche nach dem Urheber des Echos. In einem angrenzenden Haus wurde er schließlich fündig: Ein Mohrenkopfpapagei verfolgte das Spiel von seinem Käfig aus und amüsierte sich königlich damit, den Mann in Schwarz nachzuahmen. Bei dem gefiederten Freund namens „Me-Tu" handelte es sich um das Maskottchen des Vereins. Bailey besaß Sinn für Humor, trat an das Fenster und zeigte dem Vogel unter dem Gelächter der Spieler und 150 Zuschauer die Rote Karte. Anschließend klingelte er an der Tür und bat die Besitzerin des Papageis, Irene Kerrigan, das Tier bis zum Ende der Partie woanders in ihrem Haus unterzubringen. Bereitwillig kam die Frau der Bitte nach. Die lästige Störung war beseitigt, der Schiedsrichter pfiff das Spiel wieder an, und die Partie ging ohne weitere besondere Vorkommnisse zu Ende. Hatfield gewann mit 5:2, und die ausgeschiedene Mannschaft von Hertford Heath beklagte sich bitterlich, dass die Niederlage allein der Roten Karte für ihren Glücksbringer Me-Tu geschuldet gewesen wäre.

Ohne Torwart

Die Copa Roca wurde zwischen 1914 und 1971 in unregelmäßigen Abständen zwischen Argentinien und Brasilien ausgetragen und fand wechselweise in Buenos Aires, Rio de Janeiro und São Paolo statt. Benannt war der Wettbewerb nach dem ehemaligen argentinischen Präsidenten Julio Roca, der in den frühen 1910er-Jahren mit einem brillanten diplomatischen Manöver einen Krieg zwischen beiden Ländern verhindert hatte.

Im Januar 1939 reisten die Himmelblau-Weißen zweimal nach Rio de Janeiro, um im Stadion São Januário gegen ihre Erzrivalen anzutreten. Obwohl die Brasilianer kurz zuvor für ihre Leistungen bei der Weltmeisterschaft 1938 in Italien gefeiert worden waren und mit dem Stürmerstar Leõnidas da Silva einen siebenfachen WM-Torschützen in ihren Reihen hatten, wurden sie am 15. Januar in der ersten Begegnung von ihren erbarmungslosen Kontrahenten 5:1 überrollt. Die nächste Partie am 22. Januar verlief ausgeglichener: Nach dem Führungstreffer durch Leõnidas drehte Argentinien die Partie zunächst durch zwei Tore von Bruno Rodolfi und Enrique García, bevor in der zweiten Halbzeit Adilson Ferreira Antunes der Ausgleich gelang. In der 86. Minute sprang ein Pass von Romeu Pellicciari zu Adilson dem Gästeverteidiger Sabino Coletta an die Hand. Die Berührung geschah offenkundig unabsichtlich, dennoch zeigte der brasilianische Referee Carlos de Oliveira Monteiro auf den Elfmeterpunkt und brachte damit die Argentinier auf. Torhüter Sebastián Gualco und Verteidiger Arcadio López stürmten auf den Schiedsrichter zu und schlugen ihn nieder, was die Polizei auf den Plan treten ließ. Das Ganze mündete in einen munteren Tumult mit Schlagstöcken, Tritten und Handgreiflichkeiten, den die 70.000 Zuschauer fassungslos verfolgten.

Schließlich zogen die zahlen- und waffenmäßig unterlegenen Gäste sich in den Schutz der Umkleidekabine zurück. Doch das war noch nicht das Ende der Partie: In einer beispiellosen Entscheidung legte der Schiedsrichter den Ball auf den Elfmeterpunkt und wies seine Landsleute an, den Strafstoß auszuführen, obwohl kein Torwart das argentinische Gehäuse hütete. Ohne jede Scham trat der Stürmer José Perácio an und beförderte den Ball ins leere Tor. Beim Stand von 3:2 und ohne einen Argentinier auf dem Feld pfiff de Oliveira Monteiro daraufhin das Spiel ab. Während die Brasilianer ihren „Sieg" auf dem Spielfeld feierten, nutzten ihre Rivalen die Gelegenheit und machten sich mitsamt Roca-Pokal aus dem Staub, fest davon überzeugt, dass er ihnen nach einem Sieg und einem „Unentschieden" rechtmäßig zustand.

Küsse

Im Juni 1991 hatte der FC Salto Uruguay, das seinerzeit stärkste Team der uruguayischen Liga, den unterlegenen FC Nacional in dessen Strafraum eingeschnürt. Mit Ausnahme des Torwarts bestürmten sämtliche Salto-Spieler das gegnerische Tor, während die Gäste mit Mann und Maus das Unentschieden verteidigten, das sie dringend gegen den Abstieg brauchten. Wenige Sekunden vor Spielende fand ein langer Ball auf wundersame Weise den Weg zu Salto-Stürmer Sergio León, der dank der Unachtsamkeit der Verteidigung völlig frei vor dem Torhüter auftauchte: die beste Torchance der gesamten Begegnung! Der Angreifer überlegte, wohin er schießen sollte, nahm Maß und zog ab. Der Schuss verfehlte sein Ziel um Längen. Den Nacional-Spielern fiel ein Stein vom Herzen, insbesondere Verteidiger Edgard Olivera, der sich um León kümmern sollte. Olivera ging zu seinem Gegenspieler und küsste ihn auf die Stirn – in einer bizarren Dankbezeigung für dessen vermeintliche Güte. Das übergriffige Verhalten entging auch Schiedsrichter José Sequeira nicht, und er stellte Olivera umgehend vom Platz. Aber auch mit einem Mann weniger hielt Nacional das Unentschieden bis zum Schluss. Und trotz seiner Roten Karte feierte auch Olivera den abgewendeten Abstieg.

Die Mannschaft von CE l'Hospitalet brauchte am 7. November 1998 unbedingt einen Sieg gegen UE Figueres, um nicht ans Tabellenende der spanischen Segunda División B abzustürzen. Und dank eines Treffers von Peri Ventura hatte der katalanische Klub den Sieg schon dicht vor Augen, als Schiedsrichter Carlos Clos Gomez den Gästen einen zweifelhaften Elfmeter zusprach. Der Ausgleich ließ das Estadi de la Feixa Llarga verstummen. Ramón Moya, der Trainer der Gastgeber, war verzweifelt, und das war kein Wunder: In sechs Heimspielen hatte er nur einen Sieg geschafft. Aber in der dritten Minute der Nachspielzeit landete eine Flanke im Strafraum auf dem Kopf von Verteidiger Diego Martin und von dort im Tor zur erneuten L'Hospitalet-Führung. Die Menge – und mit ihr Moya – explodierte. Moya stürmte zu seiner Bank, um seine Assistenten zu umarmen, doch plötzlich standen der Schiedsrichterassistent Carmelo Bernat und der gegnerische Trainer vor Moya, der ihnen, warum auch immer, einen dicken Schmatzer auf die Wange gab. Der sprachlose Bernat konnte nur noch die Fahne heben, um Clos Gomez Bescheid zu geben.

Nachdem der Referee sich den Bericht seines Assistenten angehört hatte, zückte er die Rote Karte und schickte den liebestollen Mann auf die Tribüne. In seinem anschließenden Spielbericht bezeichnete Clos Gomez den Kuss als „unangemessen". Moya sah das anders. „Besser, ich mache so was, als dass ich mit Steinen nach dem Schiedsrichter werfe oder ihn beleidige." Denn wie der sympathische leidenschaftliche Trainer bekannte: „Manchmal spielen meine Gefühle eben verrückt, und dann kann ich sie nicht mehr kontrollieren."

Alessandro Veronese, Stürmer der italienischen Mannschaft Calcio Battaglia Terme, machte im Oktober 1996 seinem Ruf als Herzensbrecher alle Ehre. In einer Partie einer regionalen Veneto-Liga erzielte Veronese im Stadion an der Via Reinaldi gegen La Rocca Monselice mit einem Gewaltschuss aus mehr als 30 Metern das 2:1, sein zweiter Treffer des Tages. Im Überschwang der Gefühle entledigte der „artigliere" sich seines blau-gelben Trikots und schwenkte es über dem Kopf. Da er bereits mit Gelb verwarnt worden war, zeigte die Schiedsrichterin Anna de Toni dem Stürmer die Gelb-Rote Karte. Bevor der verblüffte Veronese das Feld verließ, ging er zur Schiedsrichterin, reichte ihr die Hand und gab ihr zwei Wangenküsse. De Toni hielt den Vorfall in ihrem Spielbericht fest, und so musste das Disziplinargericht darüber beraten. Nach eingehender Beschäftigung mit dem Fall sperrte die Kammer den Stürmer für zwei Begegnungen, eine mehr, als für eine Gelb-Rote Karte vorgesehen. In ihrem Beschluss erklärte die Kammer, dass „der außerordentliche Akt der

Vertraulichkeit gegenüber der Schiedsrichterin als regelwidrig angesehen werden muss und mit einer Sperre von einem Spieltag zu sanktionieren ist". Eine passende Fehlentscheidung: zwei Tore, zwei Gelbe Karten, zwei Küsse und zwei Spiele Sperre.

Veroneses Strafe war indes harmlos, verglichen mit der seines niederländischen Kollegen Martin Bennink, allerdings hatte dieser den Schiedsrichter auch auf den Mund geküsst. Bennink, Verteidiger in der Amateurmannschaft SV Wilhelminaschool aus Hengelo, erhielt die Rote Karte, weil er heftig gegen die Entscheidungen des Schiedsrichters protestiert und diesen beleidigt hatte. „Wenn ich schon gefickt werde, will ich auch küssen", rechtfertigte Bennink sich, nachdem er den Mann in Schwarz geküsst hatte. Die Disziplinarkammer sperrte ihn wegen „körperlicher Gewalt" und „Verletzung der Würde" des Schiedsrichters für acht Spiele.

Laut dem spanischen Journalisten Sergi Mas kam es in den 1970er-Jahren im Stadion Los Cármenes des FC Granada zu einer kuriosen Begebenheit. Kurz nach Spielbeginn zwischen Granada und Real Madrid baute der Referee sich vor dem Heimtrainer auf und warf ihn aus dem Stadion. „Raus hier", schleuderte der Mann in Schwarz dem erstaunten Trainer entgegen, der ihn nicht beleidigt und sich auch sonst nichts zuschulden kommen lassen hatte. Die scheinbar verwirrende und willkürliche Entscheidung war wie die vorangegangenen Geschichten eine Folge leidenschaftlicher Küsse – in diesem Fall jedoch hatte der Trainer die Frau des Schiedsrichters geküsst. Der Schiedsrichter nutzte lediglich seine Macht aus, um sich an dem Mann zu rächen, der ihm Hörner aufgesetzt hatte. Zurück zu Hause, zückte der Betrogene gleich noch einmal die Rote Karte: dieses Mal, um seine Frau des Schlafzimmers zu verweisen.

Verrückte Reaktionen

Beleidigungen, Schläge und Spucken sind zwar verabscheuenswerte, aber fast schon „normale" Reaktionen auf eine Rote Karte. Niemand will das Spielfeld vor dem Ende der Partie verlassen müssen, und mit dem Puls auf 180, kommt es in Stadien weltweit zu Gewaltausbrüchen. Doch einige Spieler machen ihrem Ärger auf weit originellere Weise Luft als ihre Kollegen, etwa der argentinische Stürmer Sergio Ibarra. In der ersten peruanischen Liga zeigte in der Partie von Pesquero de Huancayo gegen den FBC Melgar aus Arequipa Schiedsrichter Carlos Hernandez am 25. Februar 2000 dem Heimspieler Lino Morán die Rote Karte. Daraufhin ging Ibarra zum Schiedsrichter und ... legte dem Unparteiischen die Hand auf den Hintern. Der „Handwerker" wurde ebenfalls vom Platz gestellt und vom zuständigen Sportgericht für sechs Monate gesperrt.

Melgar gewann 3:0, allerdings wurde die Partie kurz nach dem Vorfall abgebrochen: wegen der spielerischen und numerischen Unterlegenheit simulierten drei Spieler von Pesquero (heute Deportivo Wanka) Verletzungen, damit die Partie nicht fortgesetzt werden und das Ergebnis nicht noch desaströser ausfallen konnte.

„Neckischer", falls das der passende Begriff ist, gingen die Amateure von Migliaro vor. Im Januar 2008 erhielt die Mannschaft aus dem uruguayischen Departamento Salto in der Partie gegen ihre Rivalen von Tío (auf Deutsch „Onkel", so tatsächlich der Name!) fünf Rote Karten. Durch diese rote Flut verfügten sie nicht mehr über die laut Reglement erforderlichen sieben Spieler, und aus Protest dagegen umringten die Spieler Schiedsrichter Juan Carlos Silveira und zogen ihn ratzfatz aus. Der hilflose und bis auf die Unterhose nackte Schiedsrichter musste von der Polizei gerettet werden.

Ebenfalls nicht leicht hatte es im April 2003 Schiedsrichter Claudio Aranda in der chilenischen Zweitligapartie CD Antofagasta gegen CD La Serena. Beim Treffer der Gastgeber zum 2:1 protestierten die Spieler von La Serena vehement wegen vermeintlichen Abseits. In dem entstandenen Drunter und Drüber zeigte Aranda dem argentinischen Mittelfeldspieler Rodrigo Riep die Rote Karte. Während seine Kameraden weiterhin den Schiedsrichter belagerten, bemerkte Riep, dass diesem seine andere Karte, die Gelbe, heruntergefallen war. Rasend vor Wut, schnappte der vormalige River-Plate-Spieler die Karte und zerfetzte sie wie mit Scherenhänden in tausend Stücke. „Ich habe sie zerrissen, weil ich total sauer war. Ich habe überhaupt nicht nachgedacht, das ist einfach so passiert. Ich habe sie zerfetzt, stimmt, dabei war die Karte aus Plastik. Aber ich war außer mir und fühlte mich ungerecht behandelt, deshalb kam es mir vor, als wäre sie aus Pappe", sagte Riep. Die Aktion trug dem Mittelfeldspieler eine Vier-Spiele-Sperre durch das Disziplinargericht ein: ein Spiel für das Foul, das zur Roten Karte führte, und drei für seine ausgefallene Reaktion. Belustigt erzählte er: „Als ich die Geschichte meinem alten Herrn beichtete, sagte er: ‚Kind, da haben die dich sauber drangekriegt.'" Eine ganz ähnliche, wenn auch etwas „geschmackvollere" Tat beging Rieps italienischer Kollege Fernando d'Ercoli, als er 1989 in dem unterklassigen Duell von Pianta und Ronta FC Arpax die Rote Karte sah. D'Ercoli entwendete sie dem Schiedsrichter, um sie zu ... verspeisen!

Eklig fiel dagegen der Protest des Engländers Darren Painter im November 1999 gegen eine Rote Karte aus. Der Verteidiger von Buckland Athletic aus der Berkshire League ging nach seinem Platzverweis zum Schiedsrichter, zog die Hose herunter und pinkelte den Mann an. Eine Reaktion darauf blieb selbstverständlich nicht aus: Painter wurde von Liga und Verein lebenslang gesperrt.

Einwechslung bei Roter Karte

In der vierten Runde des englischen FA Cups führten die Tranmere Rovers aus der First Division am 8. Februar 2000 im heimischen Prenton Park dank eines Tores von Wayne Allison aus der 25. Minute mit 1:0 gegen das Premier-League-Team aus Sunderland. Wenige Minuten vor dem Ende, als Sunderland die Rovers immer weiter einschnürte, um doch noch zum Ausgleich zu kommen, beging der Heimverteidiger Clint Hill unmittelbar vor der Strafraumkante ein grobes Foul. Schiedsrichter Rob Harris gab Freistoß und stellte Hill wegen rohen Spiels vom Platz. Zufällig hatte Trainer John Aldridge unmittelbar zuvor Stephen Frail an den Spielfeldrand beordert, um ihn für Hill einzuwechseln. Als der hinausgestellte Verteidiger zur Mittellinie kam, ließ der vierte Offizielle, David Unsworth, dem der Platzverweis entgangen war, Frail für seinen Mitspieler auf den Platz. In dem Durcheinander verlor kurz auch Harris den Überblick und bemerkte nicht, dass der Ersatzspieler sich in die Verteidigung einreihte. Einige Sekunden spielte Tranmere zu elft weiter, bis Gästecoach Peter Reid den Schiedsrichter darauf hinwies. Harris erkannte den Fehler, der ihm und seinen Assistenten unterlaufen war, und schickte Frail zurück auf die Ersatzbank. Dennoch blieb es beim 1:0 für Tranmere.

Zwei Tage nach der Partie bestätigte der zuständige Kontrollausschuss das Ergebnis und sprach das siegreiche Team von jeder Schuld frei. Der Schiedsrichter dagegen, der für die Pokalbegegnung von Gillingham und Bradford City vorgesehen war, wurde für ein Spiel gesperrt. Der Ausschuss zeigte Verständnis für den Fehler, denn „der Schiedsrichter und seine Assistenten befanden sich unter enormem Druck", und er teilte Sunderland mit: „Die Entscheidung ist endgültig und sollte zum Wohl des Sports akzeptiert werden." Die Rot-Weißen akzeptierten sie nicht nur, vielmehr erklärte Peter Reid in einer außergewöhnlichen Geste gegenüber der Presse: „Wir hätten uns eine andere Entscheidung vorstellen können, aber wir fügen uns ihr. Ich wünsche John [Aldridge] und seinen Mannen viel Glück und Erfolg gegen Fulham." Tranmeres Lauf setzte sich fort. In der nächsten Runde gewann der Klub gegen den First-Division-Konkurrenten FC Fulham mit 2:1, doch dann unterlag er leider mit 2:3 gegen das starke Team von Newcastle United.

Ein nahezu identischer Vorfall, allerdings mit einem etwas anderen Ende, hatte sich schon einmal ereignet. Bei der Copa América in Argentinien führte das Heimteam am 10. Januar 1937 im Stadion des CA San Lorenzo de Almagro 1:0 gegen Peru. Trotz des Treffers von Alberto Zozaya, dem Torjäger von Estudiantes de la Plata, spielte die Mannschaft nicht gut, und die Gäste drängten mit aller Macht auf den Ausgleich. In der 84. Minute schickte der uruguayische Schiedsrichter Aníbal Tejada den Heimverteidiger Antonio Sastre vom Feld. Glaubt man der Presse, war die Hinausstellung nicht gerechtfertigt, allerdings setzte Argentinien die Partie ohnehin zu elft fort.

Wie Sie vielleicht wissen, gab es bis 1970 keine Gelben und Roten Karten, und die Schiedsrichter mussten ihre Entscheidungen verbal kommunizieren, begleitet von einer Geste, die aus der Ferne nicht unbedingt zu erkennen war. Als Sastre nun zur Seitenlinie kam, schickte der argentinische Trainer Manuel Seoane mit einem schnellen und cleveren Manöver Hector Blotto als „Einwechselspieler" für den hinausgestellten Teamkameraden aufs Feld. Tejada bekam von der Schummelei nichts mit, indes seine Assistenten und die peruanische Bank naiv von einer normalen Auswechslung ausgingen und ihm nicht Bescheid sagten (während Auswechslungen in Ligaspielen seinerzeit noch nicht erlaubt waren, hatte der südamerikanische Fußballverband sie bei dem Turnier zugelassen). Mit gleicher Spielerzahl verteidigten die Argentinier ihre Führung erfolgreich gegen die peruanischen Angriffe. Genau dieses Ergebnis hatten die Gastgeber gebraucht, um in dem Jeder-gegen-jeden-Turnier mit acht Punkten zusammen mit Brasilien den ersten Platz zu belegen. Wäre

Peru der Ausgleich gelungen, wäre der Pokal in den Händen der Mannen von Trainer Adhemar Pimenta nach Rio de Janeiro geflogen. Wegen des Gleichstands in der Tabelle wurde für den 1. Februar ein Entscheidungsspiel angesetzt, erneut im Stadion von San Lorenzo. In diesem schlug Argentinien Brasilien 2:0 und konnte dadurch die Copa América zum fünften Mal in die Höhe stemmen.

In Frauenkleidern

Die Fans des bolivianischen Klubs Deportivo Jorge Wilstermann im voll besetzten Stadion Félix Capriles waren sauer, denn die Gäste von Club Olimpia aus Paraguay führten am 29. März 1979 in der Copa Libertadores 1:0. Nach Hugo Talaveras Treffer aus der 15. Minute standen die „Aviadores" (Flieger) bereits am zweiten Spieltag kurz vor dem Ausscheiden, da seinerzeit aus jeder Gruppe lediglich eine Mannschaft in das Halbfinale einzog. Die Bolivianer brauchten unbedingt den Ausgleich, und als technisch unterlegenes Team versuchten sie es mit Härte. Das Spiel wurde immer brutaler und glich bald mehr einem wilden Boxkampf als einem Fußballmatch.

Nach elf Minuten der zweiten Halbzeit stand es unverändert 0:1, da brachen die Bolivianer ein Handgemenge vom Zaun, das erst die Polizei beenden konnte. Als alles wieder unter Kontrolle war, zückte der brasilianische Schiedsrichter José Roberto Wright die Rote Karte und stellte einen Olimpia-Spieler, den Angreifer Enrique Atanasio Villalba, vom Platz, außerdem gleich vier Wilstermann-Spieler: die Verteidiger Carlos Arias, Miguel Bengolea und Raúl Navarro sowie den Stürmer Juan Sánchez. Laut seinem Bericht hatte einer der Wilstermann-Akteure „mit einem Karatetritt auf einen Gegenspieler" gezielt. Wrights ungleich verteilte Sanktionen für einen Kampf aller gegen alle erhitzte die Gemüter der Zuschauer weiter. Doch das eigentliche Verhängnis nahm erst ein paar Minuten später seinen Lauf, als Evaristo Isasi, begünstigt durch die zahlenmäßige Unterlegenheit des Gegners, Olimpias zweites Treffer erzielte.

Um eine Klatsche zu vermeiden, wies der Trainer der Bolivianer, Roberto Pavisic, einen seiner Spieler an, sich zu „verletzen". Das dezimierte Team von Wilstermann konnte nicht mehr auswechseln, sodass es nur noch sechs Spieler auf dem Feld hatte. Ohne das von den Regeln vorgegebene Minimum von sieben Spielern musste Wright die Partie 20 Minuten vor dem Ende abpfeifen. Doch damit endete die Geschichte noch nicht.

Hunderte aufgebrachte Fans stürmten den Platz und jagten die Olimpia-Spieler, insbesondere jedoch den Schiedsrichter, um sich für das vermeintliche ungeheure Unrecht zu rächen. Dem Zorn einer derart großen Menge stand die Polizei mehr oder weniger machtlos gegenüber. Mehrere Spieler von Olimpia mussten heftige Schläge und Tritte einstecken.

Unter dem Schutz einer Handvoll Polizisten gelang es den Paraguayern schließlich, dem Mob zu entkommen und sich in der Umkleidekabine einzuschließen. Wright und seine Assistenten mussten stundenlang in ihrer Kabine ausharren, da das Stadion von Hunderten wütender Anhänger umzingelt worden war. Wie der Wilstermann-Mittelfeldspieler Johnny Villarroel Jahre später in einem Interview verriet, konnte Wright nur in Frauenkleidern das Stadion verlassen. Der Brasilianer und sein Team wurden in das mehr als 200 Kilometer entfernte Oruru gebracht, weil am Flughafen von Cochabamba eine Fanmeute auf sie wartete.

Nach dem Vorfall verhängte der südamerikanische Verband CONMEBOL eine lange Sperre über das Stadion Félix Capriles und schloss die fünf Spieler aus. Jorge Wilstermann musste seine verbleibenden beiden Heimspiele in Santa Cruz de la Sierra und La Paz austragen. Auch diese gingen verloren. Olimpia dagegen zog in die nächste Runde ein: Das Team schloss die Gruppenphase als Erster ab, setzte sich im Halbfinale durch, entthronte im Finale den argentinischen Titelverteidiger Boca Juniors und krönte sich zum Copa-Libertadores-Gewinner. Wright wiederum erlebte zwei Jahre darauf eine weitere dunkle Nacht in dem kontinentalen Wettbewerb, aber diese Geschichte soll zu einem späteren Zeitpunkt erzählt werden.

Unangemessen

Was kann der Torwart der botswanischen Nationalmannschaft wohl für einen Rekord halten? Was soll man sagen: natürlich einen besonderen! Modiri Marumo, der Kapitän der „Zebras", hat als bis dato einziger Spieler während eines Elfmeterschießens die Rote Karte gesehen. Verrückt, aber wahr. Beim Castle Cup 2003 der Nationalmannschaften des südlichen Afrikas stand es zwischen Botswana und Malawi 1:1 nach Verlängerung, und Schiedsrichter Mateus Infante aus Mosambik bat zum entscheidenden Elfmeterschießen. Der einzigartige Vorfall ereignete sich, als Philip Nyasulu den dritten Elfmeter für Malawi verwandelt hatte.

Nyasulu ging zu dem geschlagenen Marumo und gab ihm einen Klaps auf die Schulter. Marumos Antwort war ein Hieb in Nyasulus Gesicht. Selbstverständlich zeigte Infante dem Torwart die Rote Karte für diese unangemessene Reaktion. „Ich habe einen Fehler gemacht und werde alles daransetzen, dass sich das nicht wiederholt. Ich habe mich unangemessen verhalten, und dafür schäme ich mich. Ich hoffe, dass meine Entschuldigung angenommen wird und ich meinem Land wieder helfen kann", erklärte Marumo gegenüber der Presse. Wie das Elfmeterschießen weiterging? Botswana vergab den nächsten Versuch, bevor Ganizani Malunga den Sieg für Malawi klarmachte – gegen den Verteidiger Michael Mogaladi, der den hinausgestellten Torwart vertrat.

Live

Den Fußball und das Radio verbindet eine fast hundertjährige Liebesgeschichte. Manche Fans lieben die Radioübertragungen der Spiele so sehr, dass sie den Fernsehton ausschalten und das Radio anmachen, um zu den Bildern den Kommentar ihres Lieblingsreporters zu genießen. Und es gibt sogar Menschen, die im Stadion per Kopfhörer der Beschreibung dessen lauschen, was sie gerade sehen. Aber all das ist weniger seltsam, als dass ein Spieler eine Partie im Radio verfolgt – während er auf dem Platz steht!

Am 11. Oktober 1992 empfingen die Boca Juniors (deren letzter Meistertitel elf Jahre zurücklag) ihren Erzrivalen River Plate zum „Superclásico". Die Mannschaft der *Xeneizes* lag mit 14 Punkten an der Tabellenspitze, dicht gefolgt von ihrem großen Kontrahenten mit 13 Punkten. In der 65. Minute führte Boca durch einen Treffer des Uruguayers Sergio Martínez 1:0. Doch dann erkannte Schiedsrichter Juan Carlos Lousteau auf Strafstoß, nachdem der als Schwalbenkönig bekannte *Millonario* Ariel Ortega von den beiden Heimverteidigern Carlos McAllister und Alejandro Giuntini in die Zange genommen worden war. Ein Boca-Anhänger warf aus Wut über die Schiedsrichterentscheidung sein kleines gelbes Radio nach dem gegnerischen Torwart Ángel Comizzo. Das Gerät landete knapp einen Meter neben dem Torwart, der den pfiffigen Einfall hatte, es aufzuheben und über den Kopfhörer der Schilderung der Radioreporter von Hernán Diaz' Elfmeter zu lauschen, während er sich mit dem Rücken zum Geschehen den gegnerischen Fans zuwandte. Doch Diaz' kräftiger Schuss wurde von der Nummer 1 der Boca Juniors, Carlos Navarro Montoya, abgewehrt. Der wütende Comizzo riss die Ohrstöpsel heraus und schmiss den unglücksseligen Apparat in Richtung Zaun. Das Spiel endete ohne weitere große Gefühlsausbrüche, und Boca brachte das 1:0 über die Zeit, sodass der Hafenklub seinen Vorsprung vor River auf drei Punkte ausbaute. Einige Wochen später wurde der Verein Meister und ließ seinen alten Rivalen mit leeren Händen zurück.

Stürmische Torhüter

Im Lauf der Geschichte haben immer wieder außergewöhnliche Umstände dazu geführt, dass Torhüter selbst zu Torschützen wurden. Nachdem Frank Moss von Old Ham Athletic zu Arsenal London gewechselt war, verdrängte er dort den legendären Keeper Charlie Preedy und gewann in den Saisons 1932/33, 1933/34, 1934/35 drei Titel in Folge mit den Gunners. In der letzten dieser Spielzeiten setzte sich Arsenal am 16. März 1935 auswärts beim FC Everton im Goodison Park mühevoll durch. In der ersten Halbzeit stürzte Moss beim Stand von 0:0 unglücklich und renkte sich die linke Schulter aus. Da Auswechslungen noch nicht gestattet waren, musste einer der Feldspieler ins Tor. Der Torhüter wurde in die Kabine gebracht, wo man ihm die Schulter verband, und kehrte nach der Halbzeitpause als Stürmer aufs Feld zurück. In seiner neuen Position schoss Moss die Führung für Arsenal, das die Partie am Ende 2:0 für sich entschied. Moss' Heldentat entschädigte ihn allerdings nicht für sein schlimmes Schicksal: Seine Verletzung war so schwerwiegend, dass er nur noch fünf Partien bestreiten konnte und mit 27 Jahren zurücktreten musste.

Eine ganz ähnliche Geschichte ereignete sich am 31. August 1962 im englischen Elm Park, wo der FC Reading in der Third Division Halifax Town empfing. Der Keeper der Gastgeber, Arthur Wilkie, verletzte sich an der Hand, überließ seinen Platz einem Feldspieler und setzte die Partie im Angriff fort. Er erzielte zwei Tore, und Reading gewann mit 4:2.

Die Verkleidung

Der Stürmer Julio César Britos Vázquez (der als Spieler von CA Peñarol und Real Madrid bekannt wurde und 1950 mit Uruguay in Brasilien Weltmeister wurde, ohne allerdings eingesetzt zu werden) erzielte auf seine verschmitzte Art zahlreiche Treffer. Doch in seiner Jugend trug ihm seine Listigkeit eine ebenso harte wie wertvolle Lektion ein.

Während eines Derbys gegen Nacional in der uruguayischen Nachwuchsliga wurde Britos Vázquez, der wie viele Spieler am Rio de la Plata seinen Kopf mit einer weißen Baskenmütze gegen die Ballnähte schützte, in der ersten Halbzeit vom Platz gestellt. In der Halbzeitpause schlug der Angreifer dem Trainer vor, er könne aufs Feld zurückkehren, um Peñarols drohende Niederlage abzuwenden. Dem Trainer war klar, dass Britos Vázquez seine beste Offensivwaffe war, deshalb stimmte er zu und fragte den Spieler, wie er denn unerkannt wieder aufs Feld zurückkehren wolle.

Mit der ihm eigenen Dreistigkeit nahm der Jugendliche die Mütze ab, schüttelte seine Mähne aus, stopfte das Trikot in die Hose und zog sich die Stutzen hoch. Der Schiedsrichter und die gegnerische Mannschaft schauten den „Ersatzspieler" mit dem seltsam vertrauten Gesicht verblüfft an, ohne ihn aber zu erkennen. Doch einer der Zuschauer kannte Britos Vázquez von der Straße und durchschaute die List. Der junge Mann erhielt eine sechsmonatige Sperre, weil er sich als er selbst maskiert hatte.

Al dente

Schiedsrichter Henning Erikstrup sah auf die Uhr. Das Spiel der vierten dänischen Liga am 18. April 1960 ging zu Ende, und Nørager IF stand vor einem 4:3-Sieg über Ebeltoft IF. Als der Referee die Pfeife zum Schlusspfiff ansetzte, geschah etwas Unvorhergesehenes. Das leichte Öffnen des Mundes reichte, und sein Gebiss rutschte hinaus. Erikstrup bückte sich blitzschnell danach, um sich aus der peinlichen Situation zu retten. Genau in dem Moment der Ablenkung erzielten die Gäste den Ausgleich. Die Mannen aus Ebeltoft jubelten überschwänglich, aber der Schiedsrichter setzte dem ein abruptes Ende, als er den Treffer nicht anerkannte – schließlich hatte er ihn nicht gesehen. Wütend stürmten die Ebeltoft-Spieler auf Erikstrup ein, um zu erfahren, weshalb er ihnen den Treffer verweigerte. Dem bedauernswerten Referee blieb nichts anderes übrig, als zuzugeben, dass er seine Würde über seine Pflicht gestellt hatte. Einer der Spieler wollte wissen, wieso er nicht erst das Spiel abgepfiffen und dann nach seinem Gebiss gesucht habe. „Ich musste mein Gebiss retten, bevor irgendjemand drauftritt. Es war ziemlich teuer", entschuldigte Erikstrup sich mit einem Gesicht, das roter war als eine Rote Karte.

Gelb, Rot und Schwarz

Die Regeln des Fußballs sind ebenso einfach wie klar, und über ihre Einhaltung wacht der Schiedsrichter. Aber was passiert, wenn den Schiedsrichter die Regeln offenkundig nicht kümmern? Im März 2002 zeigte Referee Edmílson Timoteo da Silva ein und demselben Spieler drei Gelbe und zwei Rote Karten. Die skurrile Geschichte ereignete sich in einem Spiel zwischen Ríver AC und Oeiras AC im brasilianischen Bundesstaat Piauí. Alles begann damit, dass der Gästeverteidiger Paulo Araujo für ein hartes Einsteigen zu Recht die Gelbe Karte sah. Eine Minute später beging Araujo ein weiteres schweres Foul, für das er verwarnt wurde. Wie allgemein bekannt, ergibt zweimal Gelb Rot; so auch an jenem Tag. Allerdings verabschiedete der Verteidiger sich nicht zum Duschen, sondern blieb auf dem Feld. Das Spiel ging weiter, und weder der Schiedsrichter noch seine Assistenten oder die schlafmützigen Spieler und Betreuer von Ríver bemerkten das regelwidrige Verhalten. Aber der Blutdurst des rücksichtslosen Araujo war offenbar immer noch nicht gestillt, denn schon kurz darauf brachte er den nächsten Gegner zur Strecke. Da Silva passte diesmal besser auf und zeigte ihm die dritte Gelbe und zugleich die zweite – endgültige – Rote Karte. Nach der Partie rechtfertigte der Schiedsrichter sich damit, dass er Araujo mit einem ihm ähnlich sehenden Mitspieler verwechselt habe. Ein plumper Verteidigungsversuch, da auch jener andere Spieler nach der ersten Roten Karte nicht vom Feld gegangen war.

Ein etwas gravierenderer Regelverstoß durch einen Schiedsrichter – in dem Fall den Engländer Graham Poll – ereignete sich bei der WM 2006 in Deutschland, wo dank modernster Fernsehtechnik Millionen von Zuschauern Zeugen wurden. In der Begegnung Kroatien gegen Australien zeigte Poll am 22. Juni in Stuttgart Josip Simunic drei Gelbe Karten. Der kroatische Verteidiger kassierte in der 61. Minute die erste Verwarnung und in der 90. die zweite. Trotzdem spielte er weiter, ohne dass es dem Schiedsrichter oder seinen Assistenten aufgefallen wäre. In der 93. Minute schließlich protestierte Simunic heftig gegen eine Entscheidung des Schiedsrichters und handelte sich damit die dritte Gelbe Karte ein, diesmal von der Roten gefolgt. Laut den Regeln darf ein Schiedsrichter eine Entscheidung korrigieren, wenn er auf einen Irrtum aufmerksam wird. Aber in den beiden geschilderten Fällen waren die Männer in Schwarz alles andere als aufmerksam. Und leider nicht nur sie.

Was sagt die Uhr, Schiri?

Als Schiedsrichter Luis Ventre das Spiel abpfiff, fielen sich die Spieler von Estudiantes de La Plata in die Arme und feierten den unerwarteten Sieg über Racing Club, den Tabellenführer der argentinischen Liga 1957, und das auch noch auswärts in Avellaneda. Aber wie alle guten Dinge war auch diese Feier nicht von langer Dauer. Als Spieler und Fans schon das Stadion verlassen wollten, machte einer der Linienrichter Ventre darauf aufmerksam, dass die Uhr vorgestellt worden war und noch fünf Minuten zu spielen waren. Also holte der Schiedsrichter die Spieler zurück und setzte die Partie regelkonform mit Schiedsrichterball fort. Die Gäste akzeptierten die Entscheidung zunächst murrend, aber kurz darauf schlug ihr Missmut in Zorn um, denn durch einen Gewaltschuss von Juan José Kellemen gelang „La Academia" noch der Ausgleich.

Was war nur mit der Uhr des englischen Schiedsrichters Thomas Saywell los? Am 26. November 1898 pfiff er das Spiel zwischen Millwall und Southampton in der damaligen English Southern League zehn Minuten zu früh ab! Die Verantwortlichen des Heimteams aus Millwall legten Protest ein und forderten von der Liga, dass die beiden Teams die verbleibende Zeit an einem anderen Tag nachholen sollten. Die zuständige Kammer hörte sich die Beschwerde an und setzte ein Datum für die kurze Nachholbegegnung fest – knapp fünf Monate danach. Die Männer aus Southampton akzeptierten die Entscheidung widerwillig und fuhren am 12. April 1899 die gut 100 Kilometer ins Londoner Zentrum, um im Den Stadium in der Nähe der Themse die Partie zu beenden. Nach all den Querelen änderte sich in den verbleibenden zehn Minuten nichts mehr am Ergebnis, und so stand am Ende der 4:1-Sieg von Southampton über Millwall auch offiziell fest.

Drei Partien an einem Tag

Die Brasilianer von Grêmio Porto Alegre, Weltpokalsieger 1983, gingen in die Fußballannalen ein, weil sie an einem einzigen Tag dreimal antreten mussten. Der verrückte Vorfall war ein Ergebnis von Grêmios vollem Terminkalender 1994. Die Mannschaft war in jenem Jahr in mehreren Wettbewerben vertreten: in der brasilianischen Meisterschaft mit wöchentlich zwei Partien, in der Regionalmeisterschaft des Bundesstaats Rio Grande do Sul, in der südamerikanischen Supercopa und in der Copa Conmebol. Die drei Qualifikationspartien für die 1995er-Regionalmeisterschaft von Rio Grande do Sul fanden am Sonntag, dem 11. Dezember 1994, mit einer Pause von jeweils lediglich 15 Minuten direkt hintereinander statt. Bei diesem strapaziösen Marathon ging Grêmio zweimal als Sieger vom Platz (4:0 gegen Santa Cruz und 1:0 gegen Brazil de Pelotas), die dritte Partie endete mit einem torlosen Unentschieden (gegen Aimore). Für die Spiele bot Trainer Luiz Felipe 33 Spieler auf, von denen er drei in zwei Partien einsetzte. Doch obwohl die Zuschauer mit einer Eintrittskarte – zum üblichen Preis – den ganzen Tag im Stadion verbringen konnten, verfolgten nur 247 Fans die drei Begegnungen.

Die Schweigeminute

Auch beißende Kälte und seine 85 Jahre hielten Fred Cope nicht von dem Besuch seiner geliebten „Bären" vom FC Congleton Town aus der englischen North West Counties' Regional League ab. Wie bei jedem Heimspiel der Männer in Schwarz-Weiß fand Cope sich auch am 27. Februar 1993 im Stadion an der Booth Street ein, wo er auf einem der Sitze der kleinen Tribüne Platz nahm. Pünktlich betraten die Mannschaften von Congleton und Rossendale United das Feld und stellten sich zum Anstoß auf. Doch als der Schiedsrichter anpfiff, verharrten die 22 Spieler regungslos und mit gesenktem Haupt zu einer pietätvollen Schweigeminute, und auch die Zuschauer erhoben sich teilnahmsvoll. Während Fred aufstand, erkundigte er sich bei seinem Nachbarn, wer gerade geehrt werde. Der Mann sah ihn an und erklärte lächelnd: „Du!" Der alte Mann hielt das für einen Witz, aber die Stadionzeitung ließ keinen Zweifel: Sie verkündete den Tod des Ältesten unter den Congleton-Town-Fans, Fred Cope. „Ein bisschen gekränkelt habe ich diese Woche schon", erklärte Fred, „aber so schlimm war es auch nicht." Der befremdliche Vorfall machte schnell die Runde unter den Zuschauern, und sie verlangten vom Verantwortlichen des Blattes, Chris Phillips, eine Entschuldigung bei Cope. „Es tut mir furchtbar leid, aber unsere Sekretärin hat mir von Ihrem angeblichen Ableben erzählt, also habe ich den Schiedsrichter um eine Schweigeminute gebeten", sagte Phillips errötend. Trotz des Patzers nahm der Tag ein gutes Ende für Cope. Congleton Town fegte die Gäste mit 6:1 aus dem Stadion, und der langjährige Fan gewann in der traditionellen Halbzeitverlosung zehn Pfund. Und nicht, dass jemand auf falsche Gedanken kommt: Die Verlosung wurde nicht manipuliert ...

In der halben Zeit

Am 4. Mai 1935, dem letzten Spieltag der Third English Southern Division, schoss die Mannschaft von Exeter City ihre Gegner von Aldershot Town mit 8:1 aus dem heimischen St. James Park. Auf den ersten Blick mag das nicht besonders berichtenswert erscheinen. Die Geschichte wird erst durch eine Besonderheit interessant: Nach der ersten Halbzeit stand es noch 0:0!

Ein enges 9:0

Einer der größten Erfolge von Newcastle United war der Gewinn des FA Cups 1931/32. Im Finale schlug das Team aus dem Norden Englands vor mehr als 92.000 Zuschauern im riesigen Londoner Wembley-Stadion den FC Arsenal mit 2:1. Auf dem langen Weg zum Triumph musste Newcastle eine bemerkenswerte Episode durchstehen. In der vierten Runde traf der Erstligist auf Southport, eine mittelmäßige Mannschaft aus der dritten Liga, die in der Runde zuvor allerdings den FC Barnsley klar mit 4:1 ausgeschaltet hatte. Das Duell fand am 23. Januar 1932 im St. James Park, der beeindruckenden Heimstätte von Newcastle United, statt und endete trotz des gewaltigen Klassenunterschieds 1:1. Drei Tage danach kam es im Merseyrail Community Stadium, Southports bescheidenem Stadion, zum Rückspiel. Erneut endete die Begegnung 1:1, sodass schließlich am 1. Februar im St. James Park das Entscheidungsspiel zwischen Newcastle United und Southport anstand. Und da aller guten Dinge drei sind, setzte sich dieses Mal Newcastle endlich gegen seinen hartnäckigen Widersacher durch, und das mit einem mehr als ungewöhnlichen Ergebnis nach den beiden vorangegangenen Unentschieden, nämlich mit 9:0.

Lustig

Nachdem Argentinien unter großem Aufsehen zweimal der Copa América ferngeblieben war – in Brasilien 1949 und in Peru 1953 –, kehrte das Land 1955 bei dem im chilenischen Nationalstadion in Santiago ausgetragenen Turnier zurück. Die Himmelblau-Weißen wurden von Guillermo Stábile betreut, der als Trainer gleich zwei Copa-Rekorde aufstellte: Mit sieben Titeln gewann er den Wettbewerb so oft wie kein anderer – 1941 und 1945 in Chile, 1946 in Argentinien, 1947 in Ecuador, 1955 in Chile, 1957 in Peru und 1960 in Costa Rica (das Campeonato Panamericano) – und er stand bei mehr Copa-Spielen an der Seitenlinie als jeder andere Trainer, bei 44, und alle mit demselben Land.

In Santiago begann Argentinien mit zwei Siegen (5:3 gegen Paraguay und 4:0 gegen Ecuador) und einem 2:2-Unentschieden gegen Peru. Auch im vierten Match zeigte die Mannschaft gegen den Erzrivalen Uruguay eine grandiose Leistung und führte nach 76 Minuten schon mit 5:1. In der 80. Minute entschloss der Trainer sich zu einem Wechsel und brachte den offensiven Mittelfeldspieler Norberto Conde für den zweimal erfolgreichen Mittelstürmer Angel Labruna. Kaum hatte Conde bei seinem Debüt für die Himmelblau-Weißen das Feld betreten, erkundigte er sich spöttisch bei dem beinharten uruguayischen Verteidiger Matías González: „Und, wie läuft's so?" In González brodelte es wegen des Spielstands ohnehin schon, und so knockte er Conde mit einem kräftigen Schlag aus. Der Uruguayer wurde vom Platz gestellt, und der Eingewechselte bewusstlos in die Umkleide getragen. Wie vom Reglement erlaubt, kehrte Labruna ins Spiel zurück und stellte in der 87. Minute mit seinem dritten Treffer den 6:1-Endstand her, der höchste Sieg in der Geschichte des Derbys vom Rio de la Plata. Am letzten Spieltag gewann Argentinien 1:0 gegen die Heimmannschaft und feierte den Copa-Gewinn mit einer Ehrenrunde. Und Conde? Kam nicht noch einmal zum Einsatz. Reine Vorsicht ...

Sitzengeblieben

Im englischen FA Cup 1887/88 bot Aston Villa ein starkes Team auf. In der ersten Runde schlugen die Birminghamer am 15. Oktober 1887 den FC Oldbury Town 4:0. Am 5. November schalteten sie mit demselben Ergebnis Small Heath Alliance aus. In der dritten Runde hatte der Klub ein Freilos, bevor er am 17. Dezember die Schotten vom FC Shankhouse 9:0 überrollte. Laut den damaligen Berichten war Villa derart überlegen, dass mitten im Spiel ein Zuschauer dem gelangweilten Torwart James Warner einen Stuhl brachte. Angeblich verfolgte Warner den Rest des Spiels, ohne sich einmal von dem Stuhl zu erheben. Der Lauf des Birminghamer Teams endete in der Runde der letzten 16 gegen Preston North End. Diesmal bekam Warner viel zu tun und musste den Ball beim 1:3 gleich dreimal aus dem Netz holen.

Einige Jahre darauf, 1901, verschlug es den AC Mailand in die Provinz Pavia, wo er im italienischen Negretto-Pokal gegen das lombardische Team des FC Casteggio antreten musste. Der Engländer Herbert Kilpin, Spieler, Kapitän und einer der Gründer des Mailänder Teams, erinnerte sich in seiner Autobiografie: „Davis war unser Torhüter. Da er mit einem glatten Spiel rechnete, zog er sich gar nicht erst um und nahm einen Stuhl mit nach draußen, auf dem er es sich bequem machte, die Beine übereinandergeschlagen, einen Strohhut auf dem Kopf und kettenrauchend, bis er mich schließlich vor lauter Langeweile fragte: ‚Darf ich auch mitspielen?' Lachend befreite ich ihn aus dem Tor. Davis mischte sich unter die Angreifer und erzielte unser 20. Tor." Mailand gewann 20:0, und laut Kilpin erzielte sein Mannschaftskamerad als erster Torwart des italienischen Fußballs einen Treffer.

Ein Sandplatz

Der renommierten Zeitschrift *Forbes* zufolge ist Manchester United einer der wertvollsten Fußballvereine der Welt und wird im Sport nur noch von den Baseballern der New York Yankees übertroffen. Die Keimzelle dieser eindrucksvollen englischen Institution bildete eine bescheidene Mannschaft namens Newton Heath aus dem Nordwesten Manchesters. Am Samstag, dem 9. März 1895, empfing Newton Heath an der Bank Street den FC Walsall Town Swifts in der zweiten englischen Liga. Das schlichte Stadion damals hatte keinerlei Ähnlichkeiten mit dem eindrucksvollen Old Trafford von heute, dem „Theater der Träume". An jenem Nachmittag musste der Platzwart des ärmlichen Stadions erst einmal die Pfützen eines zur Unzeit heruntergekommenen Unwetters trockenlegen. Beim Anpfiff bestand der Untergrund nur aus ein paar Grasbüscheln inmitten einer schlammigen Sand-Kies-Mischung. Dennoch erklärten die Gäste sich bereit, das unwirtliche Spielfeld zu betreten, auch wenn sie das vorausschauend nur „unter Protest" taten. Die Füße der Spieler von Walsall Town Swifts schienen im Matsch festzustecken, und so musste das Team eine 0:14-Klatsche hinnehmen. Nun ja, einfach so wollten sie die auch nicht hinnehmen. Nach der einseitigen Begegnung legten die chancenlosen Gäste wegen der schlechten Platzverhältnisse Protest bei der Fußballliga ein. Der Eingabe wurde stattgegeben, das Ergebnis annulliert und das Spiel für den darauf folgenden Mittwoch in demselben Stadion angesetzt. Bei diesem zweiten Versuch war der Platz in einem weit besseren Zustand, und es entwickelte sich ein etwas flüssigeres Spiel, in dem Newton Heath sich mit einem 9:0 zufriedengeben musste.

Vom Regen weggespült

„Fußball ist keine Mathematik. Zwei und zwei ergibt selten vier, sondern oft auch drei oder fünf oder sogar null", bemerkte der niederländische Trainer Leo Beenhakker einmal. Das erscheint weniger verrückt, wenn man an jenen Torjäger denkt, der sieben Treffer erzielte und dessen Mannschaft dennoch 1:3 verlor. Nein, das ist kein Druckfehler. Dabei wurde ihm noch nicht einmal einer seiner Treffer vom Schiedsrichter aberkannt. Doch wie kann das sein? Durch die verworrenen Pfade, die der Ball manchmal nimmt. Am 28. Januar 1961 lag Manchester City in der vierten Runde des renommierten englischen FA Cups mit 6:2 in Führung, und alle sechs Treffer hatte der schottische Starstürmer Denis Law erzielt.

Doch 21 Minuten vor dem Ende kam es zu einem sintflutartigen Wolkenbruch über dem Stadion an der Kenilworth Road, sodass Schiedsrichter Ken Tuck die Partie unterbrechen musste. Laut den Pokalregularien musste eine wegen höherer Gewalt abgebrochene Partie vollständig wiederholt werden, selbstverständlich beginnend beim Spielstand von 0:0.

Vier Tage später hatte der Platz sich wieder erholt und Law traf erneut für City. Aber an dem Tag kam Luton zurück und siegte am Ende mit 3:1. Der Regen hatte Manchesters Sieg weggespült. Die erste, abgebrochene, Begegnung wurde offiziell nicht gewertet, sodass Laws Treffer nicht zählten. Anderenfalls würde sein Name noch heute in den Geschichtsbüchern des FA Cups stehen, als Rekordhalter für die meisten Treffer in einer Partie.

Schämt euch

Mitte der 1950er-Jahre versammelte Real Madrid eine der größten Mannschaften aller Zeiten, die mit herausragenden Spielern wie dem Argentinier Alfredo Di Stéfano, dem Ungarn Ferenc Puskás und dem Franzosen Raymond Kopa fünfmal in Folge den europäischen Landesmeisterpokal, den Vorläufer der heutigen Champions League, gewann.

Um den klein gewachsenen französischen Stürmer – den Sohn polnischer Immigranten mit dem Namen Kopaszewski – vorzustellen, organisierte der Madrider Klub am 4. Oktober 1956 im Stadion Santiago Bernabéu ein Freundschaftsspiel gegen den französischen Erstligisten FC Sochaux-Montbéliard. Di Stéfano und Kopa harmonierten an dem Nachmittag, als hätten sie schon jahrelang zusammengespielt. Der Argentinier (vier Treffer) und der Franzose (drei Treffer) ragten in dem großartigen Spiel, einem triumphalen 14:1, heraus. Der haushohe „Wikinger"-Sieg sorgte jenseits der Pyrenäen nicht gerade für Begeisterung. Auch wenn es nur ein Freundschaftsspiel gewesen war, nahm der französische Verband sich die Demütigung zu Herzen und untersagte Sochaux ein ganzes Jahr lang jegliche Auslandsreisen.

Wie gewonnen, so zerronnen ...

Vom serbischen Trainer Vujadin Boškov stammt der Spruch: „Ich verliere lieber einmal 9:0 als neunmal 1:0." Natürlich hatte Boškov einen guten Grund für seine Aussage. Seine Mannschaft Real Madrid war 1980 gerade in einem Freundschaftsspiel mit 1:9 beim FC Bayern untergegangen. Aber wenn man einmal von diesem Zusammenhang absieht, ist die Logik des Spruchs bestechend. Allerdings könnte man genauso gut auch sagen, dass es besser ist, zehnmal 1:0 zu gewinnen als einmal 10:0. Am 15. Juni 1982 vernichtete Ungarn bei der WM in Spanien El Salvador 10:1, bis heute der höchste Sieg der WM-Geschichte. An dem Tag wurde der Ungar Laszlo Kiss zum effektivsten Einwechselspieler der WM-Geschichte, mit drei Toren in nur 35 Minuten Spielzeit. Leider half der Kantersieg den Europäern letztlich nicht. Nach einer Niederlage gegen Argentinien (1:4) und einem Unentschieden gegen Belgien (1:1) fiel Ungarn auf den dritten Platz der Gruppe 3 zurück und verabschiedete sich schon nach der Vorrunde aus dem Turnier.

Apropos WM und Ungarn: Bei dem Turnier 1954 in der Schweiz avancierten die Magyaren mit 27 Treffern in lediglich sechs Partien zu den Torkönigen, aber sie lieferten auch ein weiteres Beispiel dafür, wie nutzlos Kantersiege sein können. Die Ungarn trafen allein gegen Deutschland zehnmal. In der Vorrunde schlug Ungarn die deutsche Mannschaft mit 8:3. Wie das Schicksal es wollte, zogen beide Teams in die nächste Runde ein und trafen schließlich im Endspiel erneut aufeinander. Die ungarische Mannschaft ging schnell mit 2:0 in Führung, aber sie konnte die Führung nicht verteidigen, und Deutschland errang mit einem 3:2-Sieg seinen ersten Weltmeistertitel.

Ein anderes tragisches Beispiel trug sich in der Qualifikation zur WM 2002 in Korea und Japan zu. Am 11. April 2001 gelang Australien durch einen 31:0-Sieg gegen Amerikanisch-Samoa im International Sports Stadium in Coffs Harbor, New South Wales, ein Rekordsieg in einem Pflichtländerspiel. Aber ein paar Monate später zerfiel die australische Herrlichkeit zu nichts, als die Mannschaft in den gelben Trikots als Gewinner der Ozeaniengruppe in den Play-off-Spielen gegen die südamerikanische Mannschaft von Uruguay antreten musste. Australien entschied das Heimspiel mit 1:0 für sich, aber in Montevideo erhielt ihre vermeintliche Stärke einen herben Dämpfer. Die „Socceroos" unterlagen mit 0:3 und schieden aus.

Bei der WM 1998 in Frankreich triumphierte am letzten Spieltag der Gruppe D Spanien mit 6:1 über Bulgarien. Aber der Kantersieg nützte nichts, und die „Furia Roja" schied aus, weil es trotz des Sieges gerade mal für den dritten Gruppenplatz reichte hinter Nigeria und Paraguay, die in die nächste Runde einzogen. Zwölf Jahre später allerdings, 2010 bei der WM in Südafrika, wurde Spanien mit lediglich acht Treffern in sieben Spielen zum gefeierten Champion. Von der Runde der letzten 16 an schlugen sie nacheinander Portugal, Paraguay, Deutschland und die Niederlande jeweils mit demselben Ergebnis: 1:0. Die iberische Mannschaft hatte die „Boškov-Regel" fraglos verinnerlicht.

Party

Bei einem Kantersieg ist ganz klar, dass die beiden Gegner nicht ganz gleichwertig gewesen sein können – wegen technischer oder taktischer Defizite, des körperlichen Zustands der Spieler, Roter Karten, die eine der Mannschaften schwächten, oder Bestechung. Aber manchmal kann eine Differenz von sieben oder acht Toren auch auf äußerst ungewöhnliche Umstände zurückzuführen sein, die das Präsidium, die Trainer und sogar die Spieler selbst überraschen. Wenn Sie mir nicht glauben, können Sie ja mal in Namibia nachfragen. Die Frauennationalmannschaft des Landes, die sogenannten *Tapferen Gladiatorinnen*, waren ganz aus dem Häuschen wegen ihrer Zimmer in einem Johannisburger Hotel. Es war das erste Mal, dass sie überhaupt an einer Qualifikation für die Olympischen Spiele (2004 in Athen) teilnahmen, und in einem derart tollen Hotel zu logieren, war für sie an sich schon ein Hauptgewinn. Allerdings vergaßen die Frauen darüber ganz, warum sie eigentlich dort waren, und machten hemmungslos vom Zimmerservice Gebrauch. Die Party startete mit Alkohol und Süßigkeiten und wurde, als die Stimmung stieg, mit sechs Pornostreifen fortgesetzt. Am darauf folgenden Tag, dem 24. Oktober 2003, erlebten die Namibierinnen einen rabenschwarzen Tag auf dem Platz. Müde und erschöpft hatten sie ihren südafrikanischen Gegnerinnen nichts entgegenzusetzen und wurden erbarmungslos mit 13:0 überrollt. Als die namibischen Offiziellen von der Feier mitbekamen – die Gerüchte hatten schnell die Runde gemacht –, beschlossen sie eine außergewöhnliche Bestrafung. Für das Rückspiel am 7. November in der namibischen Hauptstadt Windhoek wurden die Spielerinnen in einem schlichten Kloster ohne Fernseher und Minibars auf den Zimmern untergebracht. Konzentriert und ausgeruht erreichten die *Tapferen Gladiatorinnen* tatsächlich ein sehr viel besseres Ergebnis: Sie unterlagen nur mit 0:8.

Herr des Ringes

Vor einigen Jahren ergänzte die FIFA die Vorschriften zur Kleidung der Spieler mit einer neuen Bestimmung: „Spieler dürfen keine gefährliche Ausrüstung verwenden oder tragen. Das Tragen von Schmuck ist verboten." Im Jahr 2000 war diese Bestimmung noch nicht in Kraft, zum Leidwesen des Brasilianers Rivaldo, dem sie einiges Kopfzerbrechen erspart hätte. Am 27. Mai des Jahres kam der Mittelfeldstar im traditionsreichen Wembley-Stadion in einem Freundschaftsspiel gegen England zum Einsatz. Mitten im Spiel bemerkte Rivaldo einen schweren Verlust: Der Ehering, ein wuchtiger Goldreif mit dem eingravierten Namen seiner Frau Eliza, den er nach jedem Tor küsste, war ihm vom linken Ringfinger gerutscht und lag jetzt irgendwo auf den 7.350 Quadratmetern des geschichtsträchtigen Rasens. Der bestürzte Brasilianer war den Rest der Spielzeit mehr mit der Suche nach seinem Ring als mit dem Spiel beschäftigt. Nach der Begegnung, die 1:1 endete, duschte Rivaldo und kehrte zu dem Bus zurück, der die Südamerikaner zum Flughafen bringen sollte. Da tauchte zu seiner großen Freude ein Wembley-Mitarbeiter mit dem wertvollen Schmuckstück auf. Der englische Verteidiger Martin Keown hatte den Ring auf dem Rasen gefunden. Rivaldo kehrte zutiefst erleichtert nach Hause zurück, aber aus Furcht, dass sich die Geschichte mit weniger glücklichem Ausgang wiederholen könnte, ließ er sich anschließend den Namen seiner geliebten Eliza auf den linken Ringfinger tätowieren.

Vorlage für eine Möwe

Die Jungs von den Hollingworth Juniors aus England fühlten sich unbesiegbar, daher sahen sie sorglos zu, als Danny Worthington vom gegnerischen FC Stalybridge Celtic sich ihrem Tor näherte. Danny fand keine Anspielstation, also feuerte er einen wuchtigen Schuss in Richtung Tor ab, allerdings setzte er viel zu hoch an, sodass der Ball das Tor eigentlich deutlich verfehlt hätte – wenn nicht genau in dem Moment eine Möwe über das Spielfeld geflogen wäre. Der Ball traf den Vogel und flog ins Netz der Hollingworth Juniors. Unglaublich!

Ebenso unglaublich war, dass der Schiedsrichter der Begegnung im September 1999 in Manchester das regelwidrige Tor gab. Demoralisiert, weil sie es zu elft mit zwölf Gegnern aufnehmen mussten, verloren die Jungs aus Hollingworth mit 1:7. „Das war einfach unglaublich. Die haben mir alle zum Tor gratuliert, dabei hat doch eigentlich der Vogel es erzielt", erklärte der 13-jährige Danny Worthington, der nun nicht mehr als „Torschütze" galt, sondern als Vorlagengeber. Die Möwe feierte ihren Treffer allerdings nicht. Nachdem sie wie ein Stein zu Boden geplumpst war, erholte sie sich rasch und flog davon. Und niemand konnte den Vogel nach seinem Namen fragen, um ihn für die Geschichtsbücher festzuhalten.

Ein Schuss aus dem Nichts

In der Premierensaison 1895/96 des Coupe de Championnat der ersten belgischen Liga empfing der Racing Club de Bruxelles als Tabellenzweiter und Titelfavorit den schwächelnden Union Football Club aus Ixelles, der bis zu jenem 24. November 1895 noch keinen Sieg und noch nicht einmal ein Unentschieden errungen hatte. Racing (aus dem nach Pleiten und weiteren Wirren der heutige Koninklijke Football Club Rhodienne-De Hoek wurde) kannte kein Pardon mit dem Gegner und rannte die gesamte erste Hälfte über an, ohne jedoch einen Treffer zu erzielen. Allerdings musste das Team auch nicht einen einzigen Angriff des enttäuschenden Gegners abwehren. Auch in der zweiten Halbzeit gab die heimische Mannschaft den Ball so gut wie nie her, sodass der gelangweilte Torhüter Gustave Pelgrims sich einen Ball nahm, der neben seinem Tor lag, und ihn mit einem Kameraden hin und her kickte.

Diese Unaufmerksamkeit nutzte einer der Mannen von Union aus und zog aus der eigenen Hälfte ab. Der wuchtige und gezielte Schuss wurde noch dazu durch einen kräftigen Windstoß unterstützt, sodass der Ball über die gesamte Hälfte des Heimteams hinwegsegelte und in Pelgrims Tor landete, während der immer noch mit dem Ersatzball spielte. Die verblüfften Racing-Spieler überzogen ihren nutzlosen Torhüter mit Beschimpfungen und drängten anschließend mit aller Macht auf den Ausgleich. Doch vergeblich. Nach dem Schlusspfiff feierten die Gäste ihren Erfolg, der ihr einziger in der gesamten Saison bleiben sollte: Nach 12 Spielen stand Union mit einem Sieg und 11 Niederlagen da, bei einer Torbilanz von 5 zu 51, was den siebten Platz unter sieben Mannschaften bedeutete. Vor der folgenden Saison zog der Verein aus Ixelles, einem Viertel im Brüsseler Süden, seine Mannschaft zurück und nahm nur noch an unterklassigen Wettbewerben teil, bis der Verein sich 1901 schließlich auflöste. So, wie sich auch Pelgrims Ruf in Nichts aufgelöst hatte.

Fahne frei!

Der Präsident des peruanischen Vereins Deportivo Municipal de Chorrillos, Ricardo Belmont, wollte nicht, dass im Fernsehen zu sehen war, dass hinter einem der Tore keine Tribüne war. Also verfügte er, dass bei Heimspielen sechs Fans auf die abschließende Mauer kletterten und sie mit einer riesigen Fahne in den Vereinsfarben Rot und Weiß bedeckten.

Mit diesem Vorschlag waren alle zufrieden: Der wenig ansehnliche, kahle Bereich war verschwunden und ein wenig Farbe und Wärme zog in die Heimstätte für die 1994er-Saison des Campeonato Descentralizado ein, die erste peruanische Liga.

Die ersten Saisonspiele verliefen ohne nennenswerten Zwischenfall, und die Fans jubelten jedes Mal, wenn ihre geliebte Fahne entrollt wurde. Zumindest bis zum neunten Spieltag. Am Samstag, dem 28. Mai, empfing Municipal den Social Club y Deportivo Carlos A. Mannucci, als die Fahne sich während des Spiels plötzlich in den Vordergrund drängte. In der 73. Minute war noch kein Tor gefallen, als Heimstürmer Ricardo Besada auf rechts durchging und seinen Mannschaftskameraden Alfredo Carmona mit einem genauen Pass bediente. In dem Moment wurde den Fans auf der Mauer die Fahne durch eine kräftige Bö entrissen und aufs Spielfeld geweht, sodass Mannuccis Tor darunter verschwand. Carmona schoss, der Ball passierte Gästetorhüter Oscar Ibáñez und war unterwegs ins Tor – bis er von der flatternden Fahne aufgehalten wurde. Und so verhinderte Municipals Banner einen Treffer von Municipal. Laut den Regeln muss der Schiedsrichter bei einem derartigen unvorhersehbaren Vorfall – bei einem Eingriff von außen, durch den das Spielgeschehen gestört wird –das Spiel mit einem Schiedsrichterball fortsetzen. Aber der pragmatisch denkende Referee Alberto Tejada entschied auf Tor für die Heimmannschaft. Die Spieler von Mannucci protestierten nur halbherzig und fügten sich rasch der Entscheidung, sodass Municipal durch das fragwürdige Tor 1:0 gewann. Trotzdem entschied Belmont, der weißroten Fahne keinen neuen Vertrag anzubieten. Vielleicht hätte er sie als Dankeschön an den Schiedsrichter durch ein schwarzes Banner ersetzen sollen.

Strandfußball

Der folgende Treffer wurde zu Recht als „das unwahrscheinlichste Tor der englischen Fußballgeschichte" bezeichnet. Am neunten Spieltag der englischen Premier-League-Saison 2009/10 empfing am 17. Oktober 2009 der AFC Sunderland den FC Liverpool. In der fünften Spielminute befand sich Sunderland im Angriff, als eine Flanke des Iren Andy Reid von rechts vom Franzosen Steed Malbranque mit der Hacke abgefälscht wurde und der Engländer Darren Bent mit rechts abzog. Allerdings schien sein harter Schuss kein Problem für den schon knienden spanischen Gästetorhüter José „Pepe" Reina darzustellen. Doch dann wurde der Schuss unhaltbar abgefälscht – von einem roten Strandball, der unkontrolliert durch den Liverpooler Strafraum rollte. Der überraschte Reina verharrte regungslos, ohne noch auf den beispiellosen Vorfall reagieren zu können.

Der Fußball sprang links an ihm vorbei ins Netz, während der Strandball rechts von ihm am Tor vorbeitrudelte. Ein irregulärer Treffer, doch Schiedsrichter Mike Jones gab ihn und wurde dafür von der FA für ein Spiel gesperrt. Wegen der Geschwindigkeit des Geschehens hatte der verdutzte Jones den Angriff nicht vor dem Torschuss unterbinden können, allerdings hätte er den Treffer nachträglich annullieren müssen, weil der Strandball seinem „Cousin", dem Fußball, in die Quere gekommen war.

Noch schlimmer wurde der skurrile Vorfall durch zwei nicht unwesentliche Details: Erstens gewann Sunderland die Partie mit 1:0, zweitens war der rote Ball ausgerechnet von einem Liverpool-Fan aufs Feld geworfen worden. Callum Campbell (16) gestand der Zeitung *The Sunday Mirror*, dass er für die Sache verantwortlich war. „Ich war es. Die Kameras haben mich verraten. Es tut mir so leid. Ein absoluter Alptraum für mich. Ich gucke mir das Video immer wieder an, aber ich kapiere einfach nicht, wie das passieren konnte. Meine Mutter meint, das wäre nicht meine Schuld, und ich würde ihr ja gerne glauben. Der Schiedsrichter hätte das Tor nicht geben dürfen. Ich hoffe einfach, dass die Fans das verstehen und mir verzeihen", entschuldigte der Teenager sich. Ein echtes Eigentor.

Eisenschädel

Am 25. September 2011 stellte der Angreifer Jone Samuelsen einen einzigartigen Rekord auf: Ihm gelang das Kopfballtor aus der größten Entfernung, die je weltweit in einer ersten Liga gemessen wurde. In der heimischen Skagerrak Arena überwand der Spieler des norwegischen Vereins Odds BK Torhüter Mostafa Abdellaoue von Tromsø IL mit einem Kopfball aus 57 Metern Entfernung. Wobei Abdellaoue genau genommen gar nicht in seinem Tor stand, sondern bei eigenem Eckball und einem 1:2-Rückstand mit nach vorne gegangen war, um noch den Ausgleich zu erzwingen. Nachdem die Gastgeber den Eckball mit einem Befreiungsschlag abgewehrt hatten, wollte der letzte Mann von Tromsø den Gegenangriff unterbinden, doch sein Kopfball landete genau auf dem Kopf von Samuelsen, der rechts vom Mittelkreis angelaufen kam. Sein Kopfball flog auf das unbewachte Tor zu und hoppelte ungehindert zum 3:1-Endstand über die Linie.

Nur einen Monat später überbot ein Verteidiger der japanischen Mannschaft Fagiano Okayama den norwegischen Rekord um einen Meter, allerdings in der zweiten Liga. Ryujiro Ueda bekam einen langen Abstoß des Torhüters von Yokohama, Kentro Seki, ebenfalls auf Höhe des Mittelkreises, allerdings links davon, in der eigenen Hälfte genau auf den Kopf. Der Ball sprang über Seki hinweg, der an die Strafraumkante vorgerückt war. Der ungeschickte Torhüter wollte seinen Fehler noch wiedergutmachen, aber weder konnte er das Tor verhindern noch seinen Namen aus dem *Guinness Buch der Rekorde* raushalten.

Reingelegt

Wenn das eigene Team zu verlieren drohte, haben die Fans schon ungezählte Male das Stadion in eine brodelnde Hölle verwandelt. Damit dieser Dampfkochtopf nicht explodiert, haben viele Schiedsrichter zu einer ungewöhnlichen Maßnahme gegriffen und Fans, Spieler und sich selbst mit einem gezielten Täuschungsmanöver geschützt. Weltweit haben Schiedsrichter – zumeist mit Unterstützung der Spieler – Schmierenkomödien inszeniert, um die Zuschauer in dem Glauben zu wiegen, ihr Team habe gewonnen oder unentschieden gespielt. Auf diese Weise wollten sie die Gemüter beruhigen, obwohl sie das Spiel offiziell längst abgebrochen hatten.

Das wohl berühmteste Beispiel dafür ereignete sich am 2. August 1962 im Stadion Urbano Caldeira, wo es der FC Santos im Finalrückspiel um die Copa Libertadores mit dem CA Peñarol zu tun bekam. Die von Pelé angeführte Mannschaft hatte im legendären Centenario in Uruguays Hauptstadt Montevideo mit 2:1 gewonnen, sodass sie sich schon mit einem Unentschieden erstmals den kontinentalen Titel gesichert hätte.

Zur Halbzeit lag Santos 2:1 vorne, aber in der zweiten Hälfte zeigten die Uruguayer, wieso das Land bei der WM 1950 durch den sogenannten *Maracanazo* (Schock von Maracanã) den Titel errungen hatte. Durch Tore des Ecuadorianers Alberto Spencer (49. Minute) und José „Pepe" Sasía (51. Minute) drehte Peñarol das Spiel, und die enttäuschten brasilianischen Fans warfen alle möglichen Gegenstände auf das Spielfeld.

Eine Flasche traf den chilenischen Schiedsrichter Carlos Robles, der zu Boden ging. In seinem Bericht an den Verband CONMEBOL schilderte er die Situation: „In der siebten Minute der zweiten Halbzeit entschied ich auf Ecke für Santos. Ich näherte mich der Seitenlinie und wurde von einer Flasche getroffen. Mir wurde schwarz vor Augen, und einen Moment verlor ich das Bewusstsein. Erst in der Kabine kam ich wieder zu mir, umringt von Santos-Offiziellen. Ich entschied mich dafür, die Partie abzubrechen, da mir meine Sicherheit nicht gewährleistet schien. Die brasilianischen Verantwortlichen wollten mich überzeugen, das Spiel fortzusetzen, aber ich lehnte kategorisch ab. Daraufhin drohte mir der Verbandspräsident von São Paolo, João Mendonça Falcão, als Parlamentsabgeordneter werde er veranlassen, dass die Polizei mich abführe, wenn ich das Spiel nicht wieder anpfeife. Da ich mich weiterhin nicht umstimmen ließ, beleidigte er mich vor meinen Kollegen (Sergio) Bustamente und (Domingo) Massaro. Wörtlich sagte er: ‚Du Dieb, du Feigling, ich kann beweisen, dass du ein Verbrecher bist.' Auch der Trainer von Santos, Luis Alonso, und der Klubpräsident, Athie Jorge Coury, waren in die Kabine gekommen, angeblich, weil sie mich umstimmen wollten. Aber stattdessen beschimpften sie mich und erklärten, dass sie außerhalb des Stadions nicht für mein Leben garantieren könnten."

Auch die Peñarol-Spieler wurden zur Zielscheibe eines Stein- und Flaschenhagels, darüber hinaus wurden sie von Zuschauern, Gegenspielern und sogar den Polizisten, die sie beschützen sollten, mit dem Tod bedroht. In dieser bedrohlichen Lage spielte Robles den Trumpf aus, durch den er mit heiler Haut nach Hause zu kommen hoffte. Nach 51-minütiger Unterbrechung kehrte er aufs Feld zurück und rief die uruguayischen Spieler Sasía, Néstor Gonçalves und Torwart Luis Maidana im Mittelkreis zusammen. Er erklärte ihnen, dass er die Partie offiziell bereits abgebrochen habe, aber die verbleibenden 39 Minuten noch spielen lassen werde, um die Situation zu beruhigen. „Leute, ich brauche eure Hilfe, sonst bringen sie uns alle um", flehte der Schiri.

Nach wenigen Minuten gelang Angreifer Pagão der „Ausgleich" für Santos. Die Männer von Peñarol trauten sich nicht mehr in den gegnerischen Strafraum, aber das fiel weder den Fans noch den Spielern oder Offiziellen aus São Paolo auf, die nach dem Schlusspfiff in einen Jubeltaumel ausbrachen. Niemand von ihnen wusste, was für eine Inszenierung hier gerade gelaufen war, nicht einmal die Presse. Die Zeitung *O Estado*r titelte zum Beispiel am nächsten Tag: „Unentschieden für Santos: Amerikas Champions."

Die kalte Dusche folgte einige Stunden danach, als CONMEBOL das Ergebnis annullierte, Peñarol zum Sieger erklärte und ein drittes und entscheidendes Spiel vier Wochen darauf in Buenos Aires ansetzte, unter der Leitung des angesehenen niederländischen Schiedsrichters Leo Horn. Am 30. September triumphierte Santos im „Monumental" von Buenos Aires durch zwei Tore von Pelé und ein Eigentor des Verteidigers Omar Caetano 3:0. Endlich hielten die Brasilianer die ersehnte Trophäe in Händen. Und die uruguayischen Spieler hatten genauso wie der Chilene Robles immerhin etwas zu erzählen.

Für verfrühten Jubel sorgte auch der niederländische Schiedsrichter Laurens Van Ravens, allerdings waren in dem Fall keine Gewalttätigkeiten der Grund. Van Ravens war von der UEFA für das Rückspiel zwischen Sporting Lissabon und den Glasgow Rangers im europäischen Pokalsiegerwettbewerb 1971/1972 berufen worden. Das erste Spiel war 3:2 zugunsten der Schotten ausgegangen, und beim Rückspiel stand es nach 90 intensiven Minuten ebenfalls 3:2, allerdings für die Portugiesen. Den Regeln entsprechend, ordnete der Schiedsrichter eine Verlängerung von zweimal 15 Minuten an.

Beide Teams trafen noch jeweils einmal, sodass es insgesamt 6:6 stand. Daraufhin setzte Van Ravens ein gerade erst in den internationalen Wettbewerben eingeführtes Entscheidungsverfahren an und bat zum Elfmeterschießen. Der geschmeidige Heimtorwart Vitor Damas musste nicht einen Treffer hinnehmen: Drei Schüsse hielt er, einer ging daneben, wodurch Sporting uneinholbar mit 2:0 führte.

Doch die Euphorie auf den Tribünen des Stadions Alvalade hielt nicht lange an: In der Kabine erklärte ein UEFA-Offizieller dem Schiedsrichter, dass die Rangers aufgrund der Auswärtstorregel gewonnen hatten. Der betretene Schiri musste den Gang in beide Umkleiden antreten, um seinen Fehler zu gestehen. Anschließend warf er sich im Presseraum den Kameras und Mikrofonen zum Fraß vor und erklärte, dass die Sieger in Wahrheit die Verlierer waren und umgekehrt. Die wiederbelebten Schotten schlugen im Viertelfinale den FC Turin, im Halbfinale Bayern München und im entscheidenden Spiel, das am 24. Mai 1972 im Camp Nou von Barcelona stattfand, auch noch Dynamo Moskau.

Schlechtes Wetter gibt es nicht

Der Mensch denkt, Gott lenkt, heißt es. Und manchmal würde der Mensch gern Fußball spielen, aber wie Gott (oder für Agnostiker und Atheisten: die Natur) es will, kann ein Ball nicht über Wasser wandeln, bleibt im Schnee stecken und ist den kräftigen Böen eines Sturms hilflos ausgeliefert. Tausende Spiele sind ins Wasser gefallen oder verschoben worden, aber manchmal behalf man sich auch mit ungewöhnlichen Maßnahmen.

Am 18. Mai 1879 trafen England und Wales erstmals aufeinander, und das in einem nicht enden wollenden Unwetter. Also einigten die beiden Kapitäne sich auf eine Kurzpartie von zweimal 30 Minuten, und der durchnässte englische Schiedsrichter Segard Bastard war damit mehr als nur einverstanden. Die Gastgeber entschieden die Partie im Oval Stadium im Londoner Stadtteil Kennington mit 2:1 für sich, dabei hatten sie die ersten 20 Minuten mit zehn Mann auskommen müssen. Mittelfeldspieler William Clegg traf zu spät in der Hauptstadt ein: Sein Zug aus Sheffield hatte sich wegen des schlechten Wetters verspätet.

Nicht wasserfest

Schlechtes Wetter führt nicht unbedingt dazu, dass ein Spiel abgeblasen wird, aber für einen Eklat ist der Regen immer wieder gut. Im November 2003 schüttete es unentwegt, als sich in der ersten türkischen Liga Fenerbahçe und Çaykur Rizespor unter der aufmerksamen Leitung des Schiedsrichters Ali Aydin gegenüberstanden. Obwohl, ganz so aufmerksam war Aydin nicht. In einem Moment akuter Gedächtnisschwäche zeigte er Rizespors kolumbianischem Verteidiger Gustavo Victoria zweimal die Gelbe Karte, ohne ihn vom Feld zu schicken.

Die Partie endete 1:1 und entfachte einen Sturm der Entrüstung aufseiten von Fenerbahçe. Der Verein legte Beschwerde gegen das Ergebnis ein, und der Verband forderte vom Schiedsrichter eine Erklärung seiner Fehlleistung. Aydin rechtfertigte sich, er habe Victoria nicht hinausgestellt, weil die ordnungsgemäß auf dem gelben Karton vermerkte erste Verwarnung vom Regen abgewaschen worden sei. Das erklärte allerdings nicht seine Vergesslichkeit, deshalb legte der Verband für den 18. Januar ein Wiederholungsspiel fest. Fenerbahçe triumphierte mit 4:1, was dem Verein am Saisonende die Meisterschaft bescherte.

Blitz!

Im Oktober 1998 ereignete sich in der Provinz Kasai der Demokratischen Republik Kongo Unbegreifliches. Unter einem dunkelgrauen Himmel trafen die beiden Dorfmannschaften aus Bena Tshadi und Basangana aufeinander. Das Unwetter entlud sich mitten im Spiel, und einer der Blitze schlug auf dem Spielfeld ein. Die gewaltige Entladung tötete tragischerweise auf einen Schlag alle elf Heimspieler, aber, so unglaublich es klingen mag: Nicht einer der Männer aus Basangana kam zu Schaden. Auf der Suche nach einer Erklärung sprach die lokale Zeitung *L'Avenir* von einem Hexenwerk, insbesondere, da die 22 Akteure und der Schiedsrichter bunt durcheinander über das gesamte Spielfeld verteilt waren.

Torschützen im Nebel

Der Nebel ist einer der schlimmsten Feinde des Fußballs. Wenn er sich über ein Stadion senkt, kann es schon mal unübersichtlich werden. Dabei ist es eigentlich ganz einfach: Wenn man nichts sieht, kann man nicht spielen. Allerdings scheinen das nicht alle zu begreifen, wie das Beispiel von Richard Siddall aus der Nähe von Sheffield in der englischen Grafschaft Cheshire zeigt. Am 12. September 2003 war die Partie zwischen Witton Albion und Stocksbridge Park Steels in der semiprofessionellen Northern Premier League zehn Minuten alt, als dichter Nebel aufzog und eine Unterbrechung erzwang. In der Umkleidekabine bemerkte der Trainer von Stocksbridge, Wayne Biggins, dass Torwart Siddall nicht da war.

Also machte er sich auf die Suche nach ihm und fand ihn zwischen den Pfosten, von wo der Torwart immer noch hoch konzentriert das „Match" verfolgte. Als Biggins seiner Nummer 1 mitteilte, dass die Partie schon seit einigen Minuten unterbrochen war, lief Siddall puterrot an und sagte: „Ich habe nur darauf gewartet, dass ein Stürmer aus dem Nebel auftaucht." Zurück in der Kabine wurde der bemitleidenswerte Keeper von seinen Kameraden herzhaft ausgelacht. Er war nicht der Einzige, dem dieses peinliche Missgeschick unterlief. Auch Sam Bartram, Torhüter von Charlton Athletic, blieb allein auf dem Feld zurück, als seine Mannschaft am 25. Dezember 1937 in der englischen Meisterschaft beim FC Chelsea an der Londoner Stamford Bridge zu Gast war. Womöglich würde Bartram noch heute sein Tor in der für ihren Nebel berühmten Hauptstadt hüten, wenn ihn nicht ein Polizist darauf aufmerksam gemacht hätte, dass das Spiel schon seit knapp einer halben Stunde unterbrochen war.

In der dritten Runde des englischen FA Cups stand es am 8. Januar 1927 zwischen Oldham Athletic und dem FC Brentford 2:1, als plötzlicher Nebel den Schiedsrichter in der 73. Minute zwang, das Spiel zu unterbrechen. Der geistesgegenwärtige Gästecoach Harry Curtis schickte seine Jungs sofort unter die Dusche und erklärte, dass sie schnell zum Bahnhof müssten, um die 260-Kilometer-Rückreise vom Boundary Park in Greater Manchester in den Londoner Vorort Brentford anzutreten. Laut den Regularien des FA Cups fing ein wegen unvorhergesehener Ereignisse abgebrochenes Spiel wieder bei null an, wie der clevere Coach ganz genau wusste. Als hätte Curtis so etwas geahnt, verzog der Nebel sich ebenso schnell wieder, wie er gekommen war, und der Schiedsrichter wollte die Mannschaften aufs Spielfeld zurückholen. Curtis weigerte sich und erklärte, dass seine Jungs schon geduscht hätten und sich eine Lungenentzündung einfangen würden, sollten sie ihre schweißnassen Trikots wieder anziehen. Der Schiedsrichter gab nach einigem Zögern dem Ansinnen des Gästetrainers statt und brach die Partie endgültig ab. Zwei Tage danach, am 10. Januar, kehrte Brentford in den Boundary Park zurück ... und triumphierte mit 4:2.

Als der britische Premier Winston Churchill im Mai 1945 noch vor Ausbruch des Kalten Krieges Moskau besuchte, kam seine Frau Clementine Ogilvy Spencer auf die wunderbare Idee, die freundschaftlichen Beziehungen der beiden Länder zu festigen, indem sie Dynamo Moskau zu einer Großbritannientournee einlud. Das sowjetische Team akzeptierte die Einladung und reiste zu mehreren Freundschaftsspielen an, unter anderem gegen den FC Arsenal, allerdings im Stadion der Tottenham Hotspurs an der White Hart Lane. Am 21. November des Jahres führte die englische Mannschaft mit 3:2, als Nebel über dem Spielfeld aufzog. Und auch wenn die Sicht nicht bei null lag, behinderte der Nebel den Fortgang der Partie und erschwerte die Aufgabe des russischen Referees Nikolai Latyschew. In der zweiten Hälfte konnte Dynamo die Partie drehen und siegte 4:3. Laut verschiedener Reporter und Historiker nutzte das Gästeteam die Situation, um mehrere „Wechsel" vorzunehmen, bei denen die Ausgewechselten gar nicht das Feld verließen. Letztlich hätten zwischen 13 und 15 Dynamo-Spieler die Partie gegen elf englische Spieler für sich entschieden. Obwohl die Geschichte nie offiziell bestätigt wurde, brodelt sie weiter in der riesigen Gerüchteküche des Weltfußballs.

Doch niemand hat die Kapriolen des Wetters derart ausgenutzt wie der katalanische Coach Xavi Agustí. 1972 musste er in der vierten spanischen Liga mit seinem Club Deportiu Banyoles im benachbarten Olot gegen Unió Esportivo antreten. Bei der Ankunft der Mannschaft lag das Municipal Estadi im Nebel, mit einer Sichtweite von nur gut zehn Metern. Agustí bat den Schiedsrichter um eine Verschiebung des Spiels, aber dieser bügelte das Ansinnen des Gästecoachs einfach ab: „Hier bestimme immer noch ich!" Der Trainer blieb mit seinem unterdrückten Ärger zurück, aber er schwor sich, es dem arroganten Referee zu zeigen.

Gleich nach dem Anpfiff schickte er sämtliche Einwechselspieler zum Aufwärmen hinter das Tor von Olot und gab ihnen eine klare Anweisung: Bei Eckball sollten ein oder zwei von ihnen sich im Schutz des Nebels im Strafraum unter ihre Mitspieler mischen. Nach einer Ecke ging Banyoles durch einen Kopfballtreffer mit 1:0 in Führung. Torschütze war einer der „Geisterspieler", der wieder vom Spielfeld verschwand, als sich die Jubeltraube aus Start- und Ersatzspielern auflöste. Aber das war noch nicht der Schluss. Gegen Ende der Partie befahl Agustí einem seiner Einwechselspieler, auf dem Feld zu bleiben. Nach dem Abpfiff bat Agustí den Schiedsrichter, die Spieler seiner Mannschaft nachzuzählen. Der Unparteiische war verblüfft, als er auf zwölf Banyoles-Spieler kam. „Ich hoffe, Sie begreifen jetzt, warum Sie bei diesen Bedingungen nicht hätten anpfeifen dürfen?", fragte Agustí sarkastisch. Seine Lektion war aufgegangen.

Alles Lüge

Auch in der folgenden Geschichte kommt dem launenhaften Nebel eine bedeutende Rolle zu, dennoch verdient sie ihren eigenen Platz in der Geschichte des Fußballs: wegen der einmaligen Umstände, ihrer unglaublichen Entwicklung und des fantastischen Endes. Am 1. Januar 1940, vier Monate, nachdem der britische König Georg VI. Deutschland und Adolf Hitler den Krieg erklärt hatte, trafen sich die schottischen Klubs FC Hibernian und Hearts of Midlothian an der Easter Road vor 14.000 Zuschauern zu einer Neuauflage des Edinburgher Derbys. Die Partie war ebenso wie ihre Radioübertragung offiziell genehmigt worden, um die beunruhigte Bevölkerung auf andere Gedanken zu bringen, aber die Angst vor Luftangriffen der Nazis erzwang einige Vorsichtsmaßnahmen.

Obwohl die schottische Hauptstadt an dem Nachmittag unter einer dichten Wolkendecke lag, forderte die Direktion der British Broadcasting Corporation (BBC) vom Reporter Bob Kingsley, im Lauf der Partie immer wieder darauf hinzuweisen, dass unter gleißender Sonne gespielt werde. Dahinter steckte die Überlegung, dass ein womöglich der Übertragung folgender deutscher Spion von einem Luftangriff auf Edinburgh abraten würde. Kingsley erklärte sich einverstanden und bereitete sich darauf vor, all sein Können aufzubieten, um das sportliche Geschehen zu beschreiben und gleichzeitig den Feind mit seinen Kommentaren zum Wetter hinters Licht zu führen. Da konnte er noch nicht ahnen, was für eine Meisterleistung er würde abliefern müssen.

Wenige Augenblicke vor Anpfiff des Derbys senkte sich dichter Nebel übers Stadion und hüllte Fans, Spieler, Schiedsrichter und auch Kingsley selbst ein. Der Reporter konnte kaum die eigene Nasenspitze sehen, sodass er nicht nur das Wetter erfinden musste, sondern ein komplettes Match. Er beschrieb Pässe, Schüsse, Paraden, Fouls und Tore, als würde all das unter strahlend blauem Himmel stattfinden. Indessen sahen die Zuschauer genauso wenig wie er, und die Spieler brachten keine zwei Pässe hintereinander an den Mann. Von dem Geschehen zwischen den Linien war so wenig zu sehen, dass Kingsley kurz vor dem Verlust der Stimme und einem Nervenzusammenbruch nicht einmal mitkriegte, wie das Spiel abgepfiffen wurde.

Noch zehn Minuten nach dem Ende redete er sich den Mund fusselig, und nicht genug damit: Das „begeisternde 3:3-Unentschieden", von dem er sprach, war in Wirklichkeit ein mitreißender 6:5-Sieg für die Hearts. Wie oft heißt es, dass Fußballreporter Unsinn faseln würden. Aber an Kingsley dürfte niemand herankommen – auch wenn man ihm zugutehalten muss, dass er es im Dienst einer guten Sache tat.

Böser Nebel

Der FC Everton war am 26. November 1904 im Londoner Manor Ground hochüberlegen gegen den FC Woolwich Arsenal (heute nur noch FC Arsenal). Die „Toffees" (so der Spitzname des Liverpooler Klubs, weil in der Nähe des Stadions Goodison Park ein bekannter Süßigkeitenladen lag) führten deutlich mit 3:1, womit sie an die Spitze der ersten englischen Liga geklettert wären. Aber noch war der Sieg nicht unter Dach und Fach. Nur 14 Minuten vor dem Ende zog wie aus dem Nichts der traditionelle dichte Londoner Nebel auf und hüllte das Spielfeld in seinen milchigen Dunst. Der Schiedsrichter brach das Spiel ab, und einige Tage darauf entschied der Fußballverband, das Spiel vollständig wiederholen zu lassen.

Everton legte Protest ein, insbesondere, weil die Partie zwischen die beiden Duelle mit Manchester City und Nottingham Forest geklemmt wurde, mit einer zusätzlichen Erschwernis: Die Toffees sollten drei Spiele in vier Tagen absolvieren, alle auswärts. Doch ungeachtet der Proteste trat Everton zu allen drei Spielen an. Am Freitag, dem 21. April, verloren sie 0:2 in Manchester. Tags darauf kehrten sie nach London zurück, wo sie bei strahlendem Sonnenschein statt eines 3:1-Sieges eine 1:2-Niederlage gegen Woolwich Arsenal hinnehmen mussten. Am Montag, dem 24., schließlich schlugen die Mannen aus Liverpool Nottingham Forest mit 2:0, aber dieser Sieg reichte nicht mehr für den Titel, der stattdessen mit einem Punkt Vorsprung an Newcastle United ging.

Der Sänger

Im Jahr 1906 verpflichtete der AC Mailand den niederländischen Torhüter François Knoote, der auch als Sänger glänzte und sogar in der Metropolitan Opera in New York aufgetreten war. Wegen seiner Fähigkeiten im Tor war Knoote die Nummer 1 des Teams, obwohl er einige eigentümliche Prinzipien hatte: Aus Rücksicht auf seine Stimme trainierte und spielte er nur, wenn es nicht regnete und der Boden trocken war. Schließlich wollte er sich keine Erkältung einfangen, die seiner Sängerkarriere geschadet hätte. Sein größter Traum war, einmal in einer Oper in dem weltberühmten Mailänder Teatro alla Scala aufzutreten.

Freitags, wenn die Mannschaft für den folgenden Sonntag aufgestellt wurde, spazierte Knoote vorher im Zentrum der Stadt durch die Galleria Vittorio Emanuele II am Dom, wo ein Barometer das Wetter voraussagte. Wenn das Messinstrument Niederschläge vermuten ließ (die in der bevölkerungsreichen Hauptstadt der Lombardei keine Seltenheit waren), überließ der niederländische Torhüter seine Position seinem Vertreter Attilio Trere. Eines Nachmittags spielte der AC in seinem damaligen Stadion, als plötzlich eine Wolke aufzog und einen kurzen Schauer entließ.

Da bemerkten die Mailänder, dass ihr Tor mitten im Spiel verwaist war. Der Torwart hatte sich vor den Tropfen in die Kabine geflüchtet! Mailand setzte die Begegnung mit zehn Spielern fort, von denen einer die vakante Position einnahm. Knoote kehrte erst aufs Spielfeld zurück, nachdem der Himmel sich aufgeklart hatte und die Sonne wieder herausgekommen war.

Vom Winde verdreht

Der Treffer von Dynamo Kiew gegen Maccabi Haifa am 29. Februar 2012 war definitiv einmalig. Beide Mannschaften standen sich im Trainingszentrum der Israelis inmitten eines Sturms in einem Freundschaftsspiel gegenüber. Der heftige Wind setzte offensichtlich insbesondere dem Heimteam zu, denn nach 60 Minuten lag es bereits 0:4 zurück. Da fing der heimische Torhüter Assaf Mendes eine Flanke der Ukrainer ab, rollte den Ball vor sich und wollte ihn mit einem kräftigen Abschlag in die gegnerische Hälfte befördern. Doch mitten in der Luft erfasste eine fiese Bö den Ball und lenkte ihn mit unglaublicher Geschwindigkeit aufs israelische Tor. In einer unberechenbaren Flugkurve flog der Ball in die rechte Torecke, und der bemitleidenswerte Mendes konnte das skurrile Eigentor nicht mehr verhindern. Die Mannen von Dynamo und auch der Schiedsrichter zeigten sich solidarisch mit dem Torhüter: Erstere jubelten nicht über „ihren" Treffer, Letzterer brach das Match direkt im Anschluss ab.

Linienrichter mit 14

Zwei Minuten vor Anpfiff der Begegnung zwischen Huracán und Chaco For Ever in der ersten argentinischen Liga kam am 28. April 1991 über die Lautsprecher des Stadions Tomás Adolfo Ducó in Buenos Aires folgende Ansage: „Sollte sich auf den Tribunen ein Schiedsrichter mit AFA-Lizenz befinden, möchten wir diesen bitten, sich in der Umkleidekabine einzufinden." Einer der Assistenten von Guillermo Marconi, Oscar Pesce, war nicht rechtzeitig zur Partie erschienen, daher brauchte man einen Ersatz. Als niemand sich auf den Aufruf meldete, traf Marconi die gewagte Entscheidung, die Fahne einem 14-jährigen Teenager in die Hand zu drücken, der eigentlich nur im Stadion die Partie verfolgen wollte ... als Fan von Huracán! Dem Jungen, Leonardo Fernández Blanco, wurde gut zugesprochen, und auch ohne schwarze Uniform stand er dem Schiedsrichter beim Anpfiff zur Seite. Nach 28 Minuten dann hatte der Jugendliche seine Aufgabe erledigt und wurde von dem verspätet eingetroffenen Pesce abgelöst. „Marconi hat mir eine klare Anweisung gegeben: Wenn der Ball die Seitenlinie überschritt, sollte ich die Fahne heben", sagte Fernández Blanco nach Abpfiff. Wie der Referee erklärte, war seine Maßnahme durchaus regelgerecht. Huracán gewann die Partie gegen Chaco 4:3, aber nicht, weil der erklärte jugendliche Huracán-Fan die Heimmannschaft bevorteilt hätte. Zum Zeitpunkt seiner „Auswechslung" stand es 1:1.

Aus durchs Mikrofon

Fast ebenso skurril wie die vorherige Geschichte war ein Vorfall in England. Am 16. September 1972, kurz vor dem Ende der ersten Halbzeit einer wichtigen Begegnung zwischen dem FC Arsenal und dem FC Liverpool, erlitt der Linienrichter Dennis Drewitt bei einer falschen Bewegung eine Muskelzerrung. Drewitt hielt bis zum Pausenpfiff durch, musste dann jedoch wegen seiner schweren und schmerzhaften Verletzung aufgeben. Weil die Position des vierten Offiziellen noch nicht eingeführt war, wurde per Lautsprecher unter den 45.000 Zuschauern im Highbury-Stadion ein anerkannter Schiedsrichter gesucht, der in der zweiten Hälfte Drewitts Platz übernehmen würde. Da sich niemand meldete, beschloss Referee Pat Partridge, die live im Fernsehen übertragene Partie abzubrechen. Doch damit kam Bewegung in die Sache: Denn um den Abbruch der Partie zu verhindern und den Fernsehzuschauern das angekündigte Programm zu liefern, bot sich der Fernsehmoderator Jimmy Hill als Linienrichter an. Hill hatte vor seiner Karriere als Sportreporter den anspruchsvollen Schiedsrichterlehrgang absolviert. Er sagte zu Partridge: „Wenn Sie nicht noch jemand Qualifizierteren finden, helfe ich gern aus. Es wäre doch schade, wenn das Spiel abgebrochen werden müsste." Also marschierte Hill in seinem grauen Anzug, dem schwarzen Hemd, der rosa Krawatte und Straßenschuhen nach unten in die Umkleide, wo man ihn seiner neuen Aufgabe angemessen mit Sportschuhen und hellblauem Sportdress ausstattete. Die Show konnte weitergehen, und das Duell endete torlos, was vor allem Liverpool half. Wenige Tage darauf sicherte es sich mit drei Punkten Vorsprung vor Arsenal die Meisterschaft.

Du kommst hier nicht runter!

Fábio Baiano hielt es nicht mehr aus. Wegen einer schmerzhaften Zerrung im linken Oberschenkel konnte er nur noch humpeln, daher wollte der offensive Mittelfeldmann von Corinthians São Paulo das Spielfeld des Stadions Pacaembu von São Paulo verlassen. Doch als er zur Seitenlinie kam, empfing ihn der Trainer der Timãos, Tite. „Nein, nein, du kommst nicht runter, du bleibst auf dem Spielfeld", befahl der Coach an jenem 26. September 2004. In der brasilianischen Erstligapartie zwischen Corinthians und Goiás EC stand es noch torlos unentschieden, und die Corinthians hatte bereits die erlaubten drei Wechsel vollzogen. Die Mannschaft konnte es sich nicht leisten, die verbleibenden 15 Minuten mit einem Mann weniger zu absolvieren. Sie brauchte unbedingt einen Sieg, um der Qualifikation für die Copa Libertadores näherzukommen. Aber Baianos Schmerzen waren so schlimm, dass er nicht auf Tite hören wollte. Während das Match weiterlief, entbrannte ein heftiges Wortgefecht zwischen Spieler und Trainer. Schließlich willigte der Spieler missmutig ein: „Ich bleibe, aber ich werde mich kein Stück bewegen." Doch letztlich siegte seine Liebe zum Spiel, und als ihn in der 89. Minute im Mittelfeld ein Pass ungedeckt erreichte, sprintete Baiano in Richtung gegnerischer Strafraum. Als sich ihm der letzte Gegner in den Weg stellte, zog Baiano aus 25 Metern ab. Der Ball prallte an die Unterkante der Latte und sprang von da ins Netz. Der Torschütze lief zu Tite und erklärte nachsichtig: „Sie hatten recht." Corinthians kam zu einem emotionalen 1:0-Sieg, durch den das Team sich zwar nicht für die Copa Libertadores qualifizieren konnte, aber immerhin reichte es für die Copa Sudamericana.

Solidarität

Bei der Begegnung der italienischen Serie A vom 7. November 2004 im Stadion Atleti Azzurri d'Italia stieg Fabio Bazzani, Stürmer von Sampdoria Genua, zum Kopfball hoch, doch versehentlich traf er Cesare Natali vom gegnerischen Klub Atalanta Bergamo im Gesicht. Natali trug eine tiefe, blutende Wunde davon und musste an der Seitenlinie von der medizinischen Abteilung versorgt werden. Zur Verblüffung der Zuschauer, des Schiedsrichters und der übrigen Spieler spielte Bazzani nicht einfach weiter, sondern wartete außerhalb des Spielfelds, bis sein Kollege weitermachen konnte. Erst nach drei Minuten kehrte er gemeinsam mit dem verletzten Verteidiger aufs Spielfeld zurück. Sein ritterliches Verhalten wurde von Fans und Presse in den höchsten Tönen gelobt, Bazzani jedoch spielte die ehrenwerte Aktion herunter.

„Ich bin kein Heiliger. Natürlich, der Fußball bringt immer wieder die hässliche Seite des Menschen zum Vorschein, trotzdem gibt es ungeschriebene Gesetze, und Loyalität und Respekt für den Gegner sind keineswegs so seltsam, wie es von außen scheinen mag", sagte der Spieler.

Natali dagegen wusste die Geste zu schätzen: „Fabio hat sich großartig verhalten. Ich glaube, ihm war ein bisschen mulmig zumute, weil ich so stark geblutet habe. Er hat mich im Kampf um den Ball mit dem Ellbogen getroffen, aber das war keine Absicht. Seine Entschuldigung war toll." Die Partie endete unentschieden, und die Zuschauer waren begeistert von Bazzanis fairem Verhalten.

Weiße Fahne

Der höchste Sieg beim argentinischen Superclásico von Boca Juniors und River Plate, zwei der schillerndsten und leidenschaftlichsten Klubs der Welt, ereignete sich noch in der Amateurära, am 23. Dezember 1928, in einem äußerst kuriosen Match der damaligen ersten argentinischen Liga.

Boca war von Anpfiff an die dominierende Mannschaft und traf schon in der dritten Minute durch einen gezielten Schuss von Domingo Tarasconi zum ersten Mal. Die eiskalte Dusche weckte River Plate auf, und die Mannschaft drängte auf den unmittelbaren Ausgleich.

Nach einiger Zeit, in der 20. Minute, erhielt sie einen vielversprechenden Eckball. Manuel Debatte gab den Ball herein, und die beiden *Millonarios* Gerónimo Uriarte und Alejandro Giglio stiegen nach oben. Aber statt den Ball zu treffen, rasselten die beiden Spieler mit den Köpfen aneinander und erlitten eine schwere Gehirnerschütterung. River musste die Partie zu neunt fortsetzen – Einwechslungen waren noch nicht erlaubt –, und diese Chance ließ Boca sich nicht entgehen: Esteban Kuko und Roberto Cherro trafen jeweils doppelt und erhöhten auf 5:0.

Laut der Zeitung *La Nación* musste zehn Minuten vor dem Ende ein weiterer *Millonario*, Francisco Gondar, nach einem Gewaltschuss in den Unterleib ohnmächtig vom Platz getragen werden. Also lag River mit acht zu elf Spielern und null zu fünf Toren hinten. Beim nächsten Angriff tauchte Tarasconi allein vor Torhüter Carlos Isola auf, der aus Protest gegen die mehr als ungleichen Bedingungen regungslos den sechsten Treffer hinnahm. Da sein Team auf dem Platz und vom Ergebnis her chancenlos war, bat River-Kapitän Camilo Bonelli Schiedsrichter Eduardo

Forte um Gnade. Forte gewährte sie ihm, obwohl noch acht Minuten zu spielen waren. Boca erzielte einen triumphalen 6:0-Sieg, der in der Geschichte des Superclásicos nie wieder erreicht oder übertroffen wurde. Und nur weil River die weiße Fahne geschwenkt hatte, war die Niederlage nicht noch heftiger ausgefallen.

Löwenherz

Harry Lyons erwarb sich seinen Status als „legendärer Held" des englischen Klubs Wigan Athletic am 17. November 1965 in einem unglaublichen Match gegen die Doncaster Rovers im Springfield Park. In der ersten Runde des FA Cups war die erste Begegnung der beiden Teams vier Tage zuvor im Belle Vue, dem damaligen Stadion der Doncaster Rovers, 2:2 ausgegangen, und jetzt trafen sie sich erneut, um eine Entscheidung herbeizuführen. Die Sache ließ sich denkbar schlecht für Wigan an: Die Gäste trafen quasi mit dem Anpfiff zur Führung, und in der 19. Minute verließ Lyon, der Stürmerstar der Gastgeber, auf einer Trage das Feld, nachdem er einen furchtbaren Tritt gegen den linken Knöchel eingesteckt hatte. Die 7.000 Zuschauer gingen davon aus, dass der Knöchel gebrochen wäre. Aber der Arzt in der Kabine stellte fest, dass nichts gebrochen war. Lyons hatte „nur" eine schwere Bänderdehnung und einen riesigen Bluterguss. Doch Lyons Herz war größer als seine Schmerzen, und so verlangte er vom Arzt nur einen festen Verband und genügend Aspirin, das er gleich hinunterspülte – mit Whiskey! Mehrere kräftige Schlucke des schottischen Nationalgetränks und der wirksame Cocktail aus Schmerzmittel und Alkohol belebten Lyons nach der Pause wieder so sehr, dass er mit frischen Kräften aufs Spielfeld zurückkehren konnte, wo er eine fantastische Leistung ablieferte: Mit drei Treffern, zwei davon mit dem verletzten Fuß, führte er Wigan in die nächste Pokalrunde. Die Heimfans feierten diese außerordentliche Leistung, anders als ihr Held: Lyon war vom Alkohol derart benebelt, dass er zwar körperlich auf dem Platz war, nicht aber mit dem Kopf. Erst nach einer ausgiebigen Dusche war der Torschütze wieder halbwegs nüchtern und gestand seinen Mannschaftskameraden, dass er keinerlei Erinnerung an seine unglaublichen Taten hatte.

Hattrick

Es kommt nur selten vor, dass ein Innenverteidiger einen Hattrick erzielt, aber besonders kurios war der Fall des Verteidigers Alvin Martin von West Ham United, der am 21. April 1986 in der ersten englischen Liga gegen Newcastle United einen Hattrick gegen drei verschiedene Torhüter erzielte. Wie konnte es dazu kommen?

An jenem Nachmittag im Londoner Upton Park überwand Martin nach einer Linksflanke von Alan Devonshire den walisischen Torhüter Martin Thomas zum 1:0. Als es in der zweiten Halbzeit schon 4:0 stand, prallte Thomas mit einem Stürmer der Heimmannschaft zusammen und verletzte sich an der rechten Schulter, sodass er nicht weiterspielen konnte. Für ihn kam der laut den damaligen Regeln des englischen Verbands einzige erlaubte Einwechselspieler, der Mittelfeldspieler Ian Stewart, auf den Platz, während ein anderer Mittelfeldspieler, Chris Hedworth, in das grüne Torwartshirt schlüpfte. Bei einer Ecke von Mark Ward tauchte Martin erneut im Strafraum auf und köpfte den Ball an Hedworth vorbei ins Netz zum fünften Tor der Gastgeber. Beim Abwehrversuch prallte der Aushilfstorwart gegen den rechten Pfosten und brach sich das Schlüsselbein, woraufhin auch er vom Feld musste.

Ohne weitere Wechseloption, setzte Newcastle die Partie zu zehnt und mit Stürmer Peter Beardsley im Tor fort. Sieben Minuten vor dem Ende, beim Stand von 7:1, foulte Glenn Roeder von Newcastle im Strafraum den Angreifer Tony Cottee, sodass es Strafstoß gab. Eigentlich oblag es dem schottischen Verteidiger Ray Stewart, die Elfmeter zu schießen, aber dieses Mal überließ er Martin das Feld und kam damit der lautstarken Forderung der Fans nach, die einen Hattrick von Martin sehen wollten. Martin zielte mit rechts ins linke Eck zu West Hams achten Treffer, der seinen außergewöhnlichen Hattrick gegen drei Torhüter besiegelte.

Hirschls Taktik

Zur Saison 1938 engagierte River Plate den Trainer Emérico Hirschl, einen jähzornigen Ungarn, der für seinen ruppigen Umgang mit den Spielern bekannt war. Doch trotz dieser Eigenschaft des Europäers, mit denen er sich bei seinen Spielern nicht gerade beliebt machte, zahlten sich seine schroffen Äußerungen mehr als einmal aus. Am Nachmittag des 7. Augusts 1938, dem 15. Spieltag der ersten Liga, hatte der Coach der *Millonarios* Probleme, eine Mannschaft für die Partie gegen Racing Club in Avellaneda zusammenzubekommen.

Hirschl, der mit mehreren verletzungsbedingten Ausfällen zu kämpfen hatte, erspähte einen der Verletzten auf der Tribüne, Luis Maria Rongo. Der groß gewachsene Stürmer litt an muskulären Problemen, dennoch bestellte der Coach ihn über die Stadionlautsprecher in die Kabine. Als der Stürmer auftauchte, warf sein Trainer ihm ein Trikot zu und gab ihm mit auf den Weg: „Spiele und gewinne, sonst schlage ich dir den Schädel ein." Von der „taktischen Anweisung" des Ungarn motiviert, ging Rongo aufs Feld und schoss trotz seiner Verletzung drei Tore, durch die das Team mit dem roten Diagonalstreifen 3:2 gegen die „Akademie" gewann.

Zum Schweigen gebracht

Am 19. August 1975 hatte Manchester Uniteds Torwart Alex Stepney ziemlich schlechte Laune. Kaum hatte im Birminghamer Stadion St. Andrews das Erstligamatch gegen Birmingham City begonnen, schrie die Nummer 1 der Gäste seine Verteidigung auch schon an. Der jähzornige Stepney schimpfte noch lauter als sonst und beleidigte seine Vorderleute aufs Abscheulichste.

Doch plötzlich hörte der Keeper wie von Zauberhand auf mit dem Gebrüll, das seinen Mannschaftskameraden schon lange stank. Die United-Spieler dachten schon, dass Stepney überraschend zu Sinnen gekommen wäre und sein mieser Charakter sich gewandelt hätte. Irrtum! Der Keeper hatte sich vor lauter Brüllen den Kiefer ausgerenkt. Nach der ersten Hilfe durch einen Arzt musste der Schreihals miesgelaunt das Feld verlassen.

Da ein Wechsel nicht erlaubt war, nahm Mittelfeldspieler Brian Greenhoff seinen Platz ein und die Gäste beendeten die Partie zu zehnt, was sie aber nicht davon abhielt, Birmingham mit 2:0 zu schlagen.

Die Diagnose

Im Mai 1929 fand im Parque de los Patricios, dem Stadion von Huracán, ein äußerst enges Match zwischen der Heimmannschaft – dem Spitzenreiter der damaligen ersten argentinischen Amateurliga – und dem CA Independiente statt.

Während des Spiels prallte Gästetorwart Néstor Sangiovanni unglücklich mit einem Huracán-Spieler zusammen und blieb mehrere Minuten am Boden liegen. Zu jener Zeit war es üblich, dass die Heimmannschaft einen Arzt für alle 22 Spieler bereitstellte. Man kann also sagen, dass der Independiente-Torhüter, der seine Mannschaft bis dahin im Spiel gehalten hatte, von einem Huracán-Sympathisanten untersucht wurde.

Der skrupellose Doktor erkannte die ihm auf dem Silbertablett servierte Gelegenheit, seinem Team zu helfen, und ließ sich statt vom hippokratischen Eid von seiner Leidenschaft leiten. Er erklärte, Sangiovanni habe sich drei Rippen gebrochen, und rief einen Rettungswagen, um die Nummer 1 in ein nahe gelegenes Krankenhaus bringen zu lassen. Sangiovannis Platz im Tor nahm Verteidiger Ernesto Chiarella ein, und das Team aus Avellaneda setzte das Spiel mit zehn Männern fort. Trotz der List des Doktors und der dadurch bedingten numerischen Unterlegenheit gewann Independiente gegen Huracán 2:1. Nachdem sein Plan nicht aufgegangen war, gestand der Doktor den Offiziellen der Gästemannschaft seine „Fehl"-Diagnose und gab zu, dass Sangiovanni sich nichts gebrochen hatte, sondern nur einen schweren Bluterguss erlitten hatte. Aber immerhin stellte er keine Rechnung für seine Dienste aus.

Der Betrüger

In dem französischen Buch *Les incroyables du football* wird von einem englischen Angreifer namens Cropper berichtet, der in den 1930er-Jahren für die französische Mannschaft FC Sochaux-Montbéliard auflief.

Laut der Autorin Sylvie Lauduique-Hamez drang Cropper bei einem Ligaspiel in den gegnerischen Strafraum ein, hob nach einem leichten Kontakt mit einem Verteidiger spektakulär ab und spuckte bei der Landung seine dritten Zähne auf den Rasen. Als der Schiedsrichter das Gebiss auf dem Boden sah, ging er von einem brutalen Foul aus und sprach Sochaux einen Elfmeter zu.

Dank Croppers Tricks siegten die „Löwenjungen" (wie der Verein aus Frankreichs Osten unweit der Schweizer Grenze genannt wird, weil er von der Familie Peugeot für ihre Arbeiter gegründet wurde). Cropper wiederum gewann gleich zwei Oscars: einen für die beste schauspielerische Leistung und einen für die besten Spezialeffekte.

Halbzeitpause

Die Halbzeitpause dient bekanntlich der Erholung zwischen den beiden Hälften eines Fußballspiels. Während auf dem Spielfeld in der Zeit nichts passiert, geht es in der Kabine manchmal umso hitziger zu. Mancher Vertrag hat das nicht überstanden. 2003 ging der Iraty Sport Club in der Liga des brasilianischen Staats Paraná zu Hause gegen Prudentópolis Esporte Clube mit einem 1:4 in die Kabine. Zu viel für den besorgten Vereinspräsidenten Sergio Malucelli, der nicht das Ende der Partie abwarten wollte, um seinem Zorn über die Demütigung Luft zu machen. Gleich bei Halbzeitpfiff rannte er in die Kabine und schmiss Torwart Marco Antonio raus.

Die eigentlich zum Durchatmen gedachte Zeit „nutzte" auch der argentinische Trainer des FC Sion, Néstor Clausen, um seiner Unzufriedenheit freien Lauf zu lassen. Im Oktober 2006 warf der frühere Verteidiger – der 1986 in Mexiko Weltmeister geworden war – in der Pause die Brocken hin, als seine Mannschaft, der Tabellenführer der Schweizer Super League, im Schweizer Pokal gegen den Zweitligisten La Chaux de Fonds mit 0:1 zurücklag. Clausen beklagte die mangelnde Unterstützung durch seine Spieler. Dem Endresultat zufolge hatte er womöglich recht: Sion gewann noch mit 3:1.

Im Jahr 1999 feuerte der Präsident von Fortuna Köln, der aufbrausende Millionär Jean Löring, seinen Trainer, den früheren Nationaltorwart Harald „Toni" Schumacher, in der Halbzeitpause der Zweitligapartie gegen Waldhof Mannheim beim Stand von 0:2. Schumacher verließ das Südstadion auf der Stelle und fuhr nach Hause, wo er sich vor dem Fernseher ansah, wie sein Ex-Team unter der Leitung von Jean Löring höchstpersönlich mit 1:5 unterging.

Der Versuchung widerstanden

Kamerun muss gestoppt werden, eqal wie, das war das Motto. Als Gewinner des Afrika Cups 2000 in Mali war die Mannschaft auch 2002, abermals in Mali, der Favorit. Im Halbfinale traf Kamerun am 7. Februar ausgerechnet auf die Gastgeber. Das versetzte die malischen Offiziellen in Aufregung, denn sie waren sich der Überlegenheit des Gegners bewusst. Nach einer kurzen Lagebesprechung kamen sie darauf, sich den Sieg durch eine taktische Maßnahme abseits des Spielfeldes zu sichern.

Zu diesem Zweck schickten sie jede Menge junge, hübsche Prostituierte in das Hotel der Kameruner in Bamako, der malischen Hauptstadt. Aber die Spieler widerstanden der Versuchung und blieben taub für den süßen Gesang der verführerischen „Sirenen", die ihnen mit ihren Liebeskünsten die Kräfte rauben wollten. Kamerun besiegte die Gastgeber mit 3:0 und im Finale den Senegal im Elfmeterschießen. Es ist nicht bekannt, ob die Champions nach ihrer Ehrenrunde den Widerstand aufgaben und den Reizen der Ladys erlagen. Aber das Hotel hatte sich ohnehin gleich nach dem Halbfinale erstaunlich geleert.

Warum habt ihr euch auch beschwert?

Die Saison 1993/94 verlief für den FC Nürnberg derart katastrophal, dass selbst der Protest gegen eine offenkundige Fehlentscheidung in eine Tragödie mündete. Am 23. April 1994 fuhren die Franken ins nahe gelegene München, wo sie im Olympiastadion auf den Giganten Bayern München trafen. Beim Stand von 0:0 fiel der Ball nach einer Ecke von rechts Verteidiger Thomas Helmer vor die Füße, der nur wenige Zentimeter vor der Torlinie den Ball am Pfosten vorbei ins Aus manövrierte.

Auf den unglaublichen Schnitzer des Münchener Verteidigers folgte ein noch viel unglaublicherer von Schiedsrichter Hans-Joachim Osmers und seinem Assistenten Jörg Jablonski: Kaum zu glauben, aber sie entschieden tatsächlich auf Tor! Alle Beschwerden der Nürnberger Spieler trafen auf taube Ohren. Osmers ließ sich nicht beirren, und das Spiel ging weiter, als wäre nichts gewesen. Am Ende unterlagen die Gäste mit 1:2, doch ihre Verantwortlichen reichten beim DFB ein Video ein, auf dem deutlich zu sehen war, dass der Ball nach Helmers Berührung die Torlinie nicht überschritten hatte. Es war eindeutig ein Phantomtor. Das zuständige Gremium sah sich die Sache an, gab der Nürnberger Beschwerde statt und setzte ein Wiederholungsspiel an. Am 3. Mai trafen die beiden Mannschaften erneut im Olympiastadion aufeinander, diesmal unter der Leitung von Bernd Heynemann. Bayern München entschied die Partie mit 5:0 für sich und schickte den Rivalen damit in die zweite Liga. Das war das letzte Mal, dass die Nürnberger Protest gegen die Wertung eines Spiels einlegten.

Doppelter Abstieg

Am 20. April 2002 betraten die Mannschaften von Platense und Racing de Córdoba den Rasen mit demselben Ziel: Beide mussten gewinnen, um auf jeden Fall in der National B, der zweiten argentinischen Liga, zu bleiben. Eine Niederlage hätte für beide den Abstieg bedeutet, bei einem Unentschieden waren sie von dem Geschehen auf anderen Plätzen abhängig.

Das Duell endete 2:2, wobei Diego Graieb und Luis Velázquez für die Gastgeber von Platense trafen, José Luis Fernández und Carlos Bertola (per Elfmeter) für die Mannschaft aus Córdoba. Doch da die Spiele der anderen abstiegsbedrohten Mannschaften (Godoy Cruz Antonia Tomba und El Porvenir) ebenfalls unentschieden endeten, gingen Platense und Racing gemeinsam runter. Ein doppelter Abstieg.

Fatale Hattricks

Die Boca Juniors und San Lorenzo de Almagro trafen erstmals am 7. November 1915 in Wilde bei Buenos Aires, der damaligen Heimat der Bocas, in der ersten Liga aufeinander. Bei der Premiere des in der Folge bedeutendsten argentinischen Derbys avancierte der Gästespieler José Coll mit drei Treffern zum Toptorschützen. Nur dass Coll unseligerweise der Torwart seiner Mannschaft war und auch noch zwei weitere Treffer hinnehmen musste.

Beim Stand von 0:0 schlug in der 30. Minute der Heimstürmer Luis Ruggiero bei seinem Debüt eine gefährliche Flanke, die der Torwart ins eigene Netz bugsierte. In der zweiten Halbzeit führte Boca bereits mit 3:0 – die Stürmer Adolfo Taggino und Antonio Galeano hatten in der 35. und 42. Minute erhöht –, als Coll seinen Kasten verließ, um einen neuerlichen gegnerischen Angriff zu unterbinden. Der Ball flipperte wild hin und her, um schließlich von Colls Bein ins Tor zu prallen. Verunsichert von seiner desaströsen Leistung, fing Coll wenige Minuten danach einen Ball und warf ihn sich selbst ins Tor – der fünfte und letzte Treffer einer Partie, die den Beginn des traditionsreichen Duells zwischen Boca und San Lorenzo markierte.

Zu einer der kuriosesten Begegnungen der Bundesligageschichte kam es am 14. Dezember 2009 zwischen Borussia Mönchengladbach und Hannover 96. An dem Nachmittag erlebte der Borussia-Park eine wahre Torflut. Den Anfang machte der Tunesier Karim Haggui von den Gästen. Als Nächstes traf der Kanadier Rob Friend (Gladbach), gefolgt von den Ivorern Didier Ya Konan und Constant Djakpa (Hannover), dem US-Amerikaner Michael Bradley (für die Gastgeber), erneut Ya Konan, Christian

Schulz (Hannover) und schließlich Haggui mit seinem zweiten Treffer. Eigentlich hätte Hannover also mit 6:2 gewonnen haben müssen. Doch beide Treffer von Haggui und der Treffer von Djakpa waren Eigentore, sodass die Borussia mit 5:3 siegte.

Der Deutsche Fußball-Bund leitete eine Untersuchung ein, ob die Vorfälle in der Partie einen Verdacht rechtfertigten und Bestechung oder eine Absprache mit der Wettmafia vorlag. Aber die Untersuchung ergab, dass die Fehler von Haggui und Djakpa allein ihrem Unvermögen zuzuschreiben waren.

Ein vergleichbares Missgeschick mussten die Spieler und Fans von Sheffield United am 26. Dezember 1952 ertragen. Die Spieler des mittelenglischen Teams schossen zwar sieben Tore, verloren aber dennoch 4:5 gegen West Bromwich Albion, das von dem großzügigen Hattrick der Gastgeber profitierte.

Laut den Geschichtsbüchern erzielten auf professioneller Ebene nur drei Feldspieler (den bereits erwähnten Torwart José Coll außen vorgelassen) einen peinlichen Hattrick gegen die eigene Mannschaft. Einer von ihnen war der Argentinier Jorge Ninjo, mit dessen freundlicher Unterstützung Atlético Mineiro 1982 in der Meisterschaft des Staats Minas Gerais den EC Democrata 5:1 besiegte.

Genauso peinlich, aber noch frustrierender, war der Fall des Belgiers Stan van den Buys von Germinal Ekeren (der Verein verschmolz 1999 mit Beerschot VAC zu Koninklijke Beerschot Antwerpen). Am 22. Januar 1995 besiegelte van den Buys mit seinem Hattrick die 2:3-Niederlage seines Teams gegen den RSC Anderlecht. Mit anderen Worten: Die Antwerpener Mannschaft verlor, obwohl ihre Spieler sämtliche fünf Tore der Partie erzielten!

Im kolumbianischen Manizales gewann 1958 Atlético Bucaramanga mit 4:3 bei Deportes Caldas (dem heutigen Once Caldas). Die drei Treffer der Heimmannschaft wurden alle von ein und demselben Spieler erzielt, Orlando „Popcorn" Martínez, der allerdings das Trikot von Bucaramanga trug. Nur eine Minute vor dem Ende gab der Schiedsrichter Eckball für Caldas. Als der argentinische Stürmer Miguel Zazzini sah, dass seine Mitspieler sich im Strafraum verteilt hatten, um die Chance für Caldas zu verhindern, lief er zu ihnen und brüllte: „Um Himmels willen, deckt Popcorn!" Nachdem Martínez so aus dem Spiel genommen war, konnte Bucaramanga den Sieg trotz des ungeschickten Mitspielers über die Zeit bringen.

Schuss aufs eigene Tor

Die Partie am Nachmittag des 17. Dezembers 1955 näherte sich dem Ende. Der FC Blackpool war chancenlos gewesen im Highbury-Stadion, der Londoner Heimstätte des mächtigen FC Arsenal. Jimmy Bloomfield, Vic Groves, Cliff Holton und Derek Tapscott hatten die Treffer zu einer 4:0-Abreibung erzielt. Es waren nur noch wenige Augenblicke zu spielen, als der Arsenal-Verteidiger Denis Evans den Ball in der Nähe der Mittellinie eroberte, dem eigenen Torhüter Con Sullivan zugewandt. Ein Pfiff erklang, und Evans, der vielleicht auch gern ein Tor erzielt hätte, feuerte aus 40 Metern einen gewaltigen Schuss ab, der unter der Latte des eigenen Tores einschlug. Sullivan hechtete nach dem Ball, konnte aber nicht verhindern, dass die Gästemannschaft zum Ehrentreffer kam. Ehrentreffer? Richtig. Denn der Pfiff, den Sullivan gehört hatte, war nicht vom Schiedsrichter gekommen, sondern von einem Scherzbold auf der Tribüne. Der Schiedsrichter gab den Treffer und beendete gleich darauf mit dem richtigen Pfiff das Spiel. Die Erinnerung an sein Missgeschick konnte Evans in der nächsten Saison auslöschen, als er zum Elfmeterschützen seines Teams erkoren wurde. Insgesamt sollte er so auf zwölf (richtige) Treffer in 189 Spielen im Trikot der Gunners kommen.

19 Rote Karten in der Copa Libertadores

Die Gruppe 1 in der ersten Runde der Copa Libertadores 1971 war äußerst ausgeglichen. Nach sieben gespielten Partien hatten alle vier Mannschaften – aus Argentinien Boca Juniors und Rosario Central, aus Peru Universitario de Deportes und Sporting Cristal – bereits mindestens einen Sieg, eine Niederlage und ein Unentschieden auf dem Konto, sodass vor den letzten fünf Partien, von denen vier in Argentinien stattfanden, noch alles offen war im Kampf um den einzigen Halbfinalplatz, der in der Gruppe zu vergeben war.

Am Mittwoch, dem 17. März 1971, erwarteten die Boca Juniors mit einem mulmigen Gefühl Sporting Cristal, denn die Peruaner hatten das Hinspiel im Nationalstadion von Lima mit viel Wucht und Härte geführt. In der voll besetzten „Bombonera" erzielte Juan Orbegoso in der 17. Minute den ersten Treffer für die Peruaner, aber Boca konnte dank eines Doppelschlags von Jorge Coch und Angel Clemente Rojas in der 22. und 24. Minute das Spiel schnell drehen. Beim zweiten Treffer stoppte Rojas den Ball im Strafraum mit der Brust und versenkte ihn gegen Gästetorwart Luis Rubiños.

Bei diesem Zwischenstand hatte Boca gute Chancen, sich an die Spitze der Tabelle zu setzen. Aber Sporting gab nicht auf und glich in der 69. Minute durch Carlos Gonzáles Pajuelo aus, nachdem der Ball Boca-Torwart Rubén Sánchez nach einem Distanzschuss von Alberto Gallardo aus den Händen geglitten war, sodass Pajuelo nur noch ins leere Tor einschieben musste. Der Ausgleich ließ die Emotionen bei den einheimischen Spielern hochkochen, die den benötigten Sieg schon entgleiten sahen.

Eine Minute vor dem Ende löste Bocas Ohnmacht die verheerendste Explosion in der Geschichte der Copa Libertadores aus. Wie sich Vessilio Bártoli, der argentinische Coach der Peruaner, in einem Fernsehinterview erinnerte, brach der Skandal los, als der in den Sturm beorderte Boca-Verteidiger Roberto Rogel „[Fernando] Mellán am Hals packte und zu Boden warf. Alejandro Otero [der uruguayische Schiedsrichter] entschied auf Freistoß für Cristal, aber Rogel forderte Elfmeter". Laut den damaligen Quellen explodierte die Lage, die sich bis dahin auf Schubser und Drohungen beschränkt hatte, als der Argentinier Rubén Suñé den Cristal-Spieler Gallardo niederschlug.

Das Fußballspiel artete zu einer wilden Schlägerei und Treterei aus, die eher an die Kämpfe im legendären römischen Kolosseum denken ließ. Einer der Hauptgladiatoren war Suñé, der mit einer herausgerissenen Eckfahne auf Gallardo losging. Doch der peruanische Stürmer floh nicht etwa, sondern brach dem Boca-Verteidiger mit einem Tritt das Jochbein.

An anderer Stelle des Platzes wurde Gästespieler Eloy Campos zu Boden geworfen, wo wild auf ihn eingetreten und ihm der Wangenknochen gebrochen wurde. Als es der Polizei nach mehreren Minuten gelang, die Kämpfe zu unterbinden, zückte Referee Otero die Rote Karte, sprach 19 Platzverweise aus und beendete die Partie. Nur die beiden Torhüter Sánchez und Rubiños und der peruanische Verteidiger Julio Meléndez entgingen der Hinausstellung. Als die Mannschaften geduscht hatten, wurden alle mit einer Roten Karte bestraften Spieler in Übereinstimmung mit der argentinischen Verordnung für Sportveranstaltungen auf die Polizeiwache gebracht.

Das heißt, nicht alle, denn Eloy Campos und Fernando Mellán mussten nach den schlimmen Prügeln, die sie eingesteckt hatten, ins Krankenhaus gebracht werden. Die 17 Gefangenen wurden in eine Zelle gesperrt und erst am folgenden Nachmittag wieder freigelassen, nachdem sich die Konsuln und Botschafter beider Länder vehement für sie eingesetzt hatten und die Präsidenten von Argentinien und Peru, Juan Carlos Onganía und Juan Velasco Alvarado, ein langes Telefongespräch geführt hatten – beide übrigens Militärs, die durch einen Staatsstreich gegen die gewählten Regierungen von Arturo Illia beziehungsweise Fernando Belaúnde Terry an die Macht gekommen waren. Laut Alfredo Quesada war am Morgen nach der heftigen Auseinandersetzung Meléndez mit „Kaffee und Gebäck für alle" in der Polizeiwache aufgetaucht. Letztlich „wurden wir auf der Polizei zu Freunden, denn keiner von uns war gerne dort".

Nachdem sich der CONMEBOL mit dem Fall befasst hatte, sprach er Sporting Cristal die beiden Punkte zu und erklärte Boca zum Verlierer. Die Offiziellen der Mannschaft aus Buenos Aires fühlten sich durch die Entscheidung unfair behandelt und traten nicht zu den beiden verbliebenen Partien in Buenos Aires gegen Universitario und in Arroyito gegen Rosario Central an. Der große Nutznießer war das Team von Universitario, das die Gruppe als Sieger abschloss und ins Halbfinale des Wettbewerbs einzog.

Eines für zwei

Bei der ausgiebigen Recherche zum vorliegenden Buch bin ich auch auf den folgenden kuriosen Vorfall gestoßen: ein Treffer, der zwei Torschützen zugesprochen wurde.

In den offiziellen Aufzeichnungen der englischen Football Association wird ein Tor des Londoner Klubs FC Chelsea zu gleichen Teilen – oder um es passender zu sagen: „Fifty-Fifty" – Jack Froggatt und Stan Milburn zugesprochen. Der einzigartige, einmalige Treffer fiel am 18. Dezember 1954 im Stadion an der Londoner Stamford Bridge, unter der Leitung von Schiedsrichter Arthur Ellis.

Noch kurioser wird der Vorfall dadurch, dass Froggatt und Milburn nicht das Trikot von Chelsea trugen, sondern das von Leicester City, an jenem Nachmittag der Gegner der Londoner in der ersten Liga. Beim Stand von 0:0 wollten die beiden Verteidiger entschlossen und ausgesprochen ungeschickt einen Flankenball klären, mit dem bekannten schlimmen Resultat. Die beiden Verteidiger nahmen den Ball wie ein groteskes Sandwich in die Mitte und beförderten ihn an ihrem schottischen Torwart John Anderson vorbei ins Netz. Chelsea gewann die Partie mit 3:1, aber in Erinnerung blieb allein der erste Treffer: das einzige Tor der Geschichte, das zwei Spielern gutgeschrieben wurde – und dann auch noch ein Eigentor!

Hättest du doch die Hand genommen

Nach 16-jähriger Pause fand am 16. September 2002 im St.-Andrews-Stadion endlich wieder das Birminghamer Derby zwischen Birmingham City und Aston Villa statt, eines der hitzigsten Duelle Englands. Die Gastgeber waren bis zu ihrer Rückkehr in die erste Liga durch die zweite und sogar die dritte Liga getaumelt und hatten eineinhalb Jahrzehnte die Frotzeleien ihrer Rivalen von Aston Villa ertragen müssen.

Doch in der 31. Minute gingen sie durch einen Schuss von Clinton Morrison in Führung. Die süße Rache der Blauen wurde in der 77. Minute perfekt. Aston Villas schwedischer Rechtsverteidiger Olaf Mellberg passte einen Einwurf zu seinem Keeper, dem Finnen Peter Enckelman. Der Torwart war vielleicht allzu selbstbewusst, vielleicht auch nur hektisch, weil der Ausgleich auf sich warten ließ, auf jeden Fall wollte er den Ball mit dem linken Fuß stoppen, aber der Ball rutschte ihm unter der Sohle durch und landete im Tor.

Nach dem Spiel erklärte Enckelman, dass er den Ball nicht berührt habe – und die Fernsehaufzeichnung schien das zu belegen –, daher hätte der Schiedsrichter den Treffer nicht geben dürfen und stattdessen auf Eckball für die Heimmannschaft entscheiden müssen. So steht es in den Regeln: Wenn der Ball nach einem Einwurf direkt in das Tor der einwerfenden Mannschaft geht, hat der Schiedsrichter auf Eckball zu entscheiden. „Ich wollte den Ball stoppen, aber er ist unter meinem Fuß durchgerollt, ohne ihn zu berühren“, sagte Enckelman und nannte es „den schlimmsten Moment“ seiner Karriere. Ein City-Fan feierte den skurrilen Vorfall, indem er aufs Spielfeld sprang und sich mit derben Gesten und sogar einem sarkastischen Klaps über den Torwart lustig machte. Aston Villa unterlag an dem Tag mit 0:3, aber zumindest für Enckelman gab es eine kleine Genugtuung: Der Fan, Michael Harper, wurde von einem Birminghamer Gericht zu vier Monaten Gefängnis und sechs Jahren Stadionverbot verurteilt. Immerhin.

Kein Torschuss, aber gewonnen

Ein Eigentor sorgt immer für gegensätzliche Emotionen: Enttäuschung und Zorn bei der Mannschaft, die das Eigentor kassiert, und Jubel und Gelächter bei der Mannschaft, der das überraschende Geschenk zuteil-wird. Mehr als eine Mannschaft hat ein Spiel gewonnen, ohne einen einzigen Schuss oder Kopfball aufs gegnerische Tor abgegeben zu haben.

Eines der bekanntesten Beispiele aus jüngerer Zeit ist der Sieg von Granada gegen Real Madrid im Februar 2013 in der spanischen Primera Division. Die Andalusier gewannen mit 1:0, ohne auch nur ein einziges Mal auf Reals Tor geschossen zu haben. Ihr einziger Treffer resultierte aus einem Eigentor von niemand Geringerem als dem großen Star und Topscorer der legendären Mannschaft aus der Hauptstadt: dem Portugiesen Cristiano Ronaldo.

Ungewöhnliche Platzverweise

In den Regeln des International Football Association Boards sind sieben Gründe festgelegt, wegen denen ein Spieler des Platzes verwiesen werden kann: grobes Foulspiel; Tätlichkeit; Beißen oder Anspucken einer anderen Person; Verhindern eines Tors oder Vereiteln einer offensichtlichen Torchance durch ein Handspielvergehen (mit Ausnahme des Torhüters im eigenen Strafraum); Verhindern eines Tors oder Vereiteln einer offensichtlichen Torchance des Gegners, dessen Gesamtbewegung auf das Tor des Täters ausgerichtet ist, durch ein Vergehen, das mit einem Freistoß zu ahnden ist; anstößige, beleidigende oder schmähende Äußerungen und/oder Gesten; zweite Verwarnung im selben Spiel.

Doch auf welches dieser Vergehen bezog sich der bolivianische Schiedsrichter Ignacio Salvatierra, als er den Stürmer Abel Vaca Saucedo mit glatt Rot vom Platz stellte? Im Oktober 1996 erzielte Vaca Saucedo von Germán Pommier aus der Amazonasstadt Trinidad ein fantastisches Tor, bei dem er mehrere Gegner ausdribbelte und mit einem meisterlichen Rabona-Schuss vollendete. Der begnadete Angreifer hatte gerade ausgejubelt, da stand Salvatierra vor ihm – der ihm nicht etwa gratulierte, sondern ihm die Rote Karte zeigte.

Laut dem Schiedsrichter hatte Vaca Saucedo mit seinem spektakulären Treffer seine Gegner „der Lächerlichkeit preisgegeben". Mit anderen Worten: Der Referee stellte ihn vom Platz, weil er zu trickreich war. Als der arme Spieler um eine Erklärung bat, wies der wütende Schiedsrichter ihn wegen seines Verhaltens gegenüber den Gegnern von Jaille barsch zurecht und verlangte, Vaca Saucedo solle „seinem Sport mit dem gebührenden Ernst" nachgehen.

Auch der Tscheche David Zoubek dürfte bis heute nicht verstehen, dass er am 7. Mai 2000 vom Platz gestellt wurde. Er bekam von Schiedsrichter Karel Krula die Rote Karte gezeigt – weil seine Rückennummer sich abgelöst hatte. Das Unheil begann, als Zoubek von Hradec Králove in einem Spiel der ersten tschechischen Liga gegen Bohemians Prag eingewechselt wurde.

Schon als der Angreifer den Rasen betrat, wies Krula ihn darauf hin, dass sich eine Eins seiner Rückennummer „11" gelöst hatte. Der Angreifer kehrte zur Bank zurück, wo sein Trainer das Problem mit Klebeband zu lösen versuchte. Aber nach wenigen Minuten lag die Ziffer schon wieder auf dem Boden. Der offenkundig wenig geduldige Krula zückte die Rote Karte und warf den verdutzten Zoubek vom Feld – woraufhin der die Familie des Referees und die Ausrüstung seines Vereins verfluchte.

Einmal Hölle und zurück

Anders lässt sich nicht bezeichnen, was der englische Angreifer Jonathan „Jon" Walters von Stoke City durchmachte. Am 12. Januar 2013 entwickelte sich die Partie gegen den FC Chelsea für Walters zu einem wahren Alptraum. In den 90 Minuten erzielte er zwei Eigentore und verschoss außerdem noch einen Elfmeter! Dank dieser (ungewollten) Hilfe setzte die Londoner Mannschaft sich mühelos mit 4:0 durch.

Aber wie eine alte Tribünenweisheit weiß: Im Fußball erhältst du früher oder später die Chance zur Wiedergutmachung, so auch der unglückliche Torschütze. Nur drei Tage danach schlug Stoke in der vierten Runde des FA Cups Crystal Palace mit 4:1. Nach den ersten 90 Minuten der Partie, die wie das Duell gegen Chelsea im Britannia Stadium ausgetragen wurde, hatte es noch 1:1 gestanden. Doch in der Verlängerung besiegelte Walters mit zwei Treffern den Heimsieg und verscheuchte damit die dunklen Wolken vom Wochenende.

Gallinas

Am 20. Mai 1966 führte River Plate aus Argentinien im entscheidenden Finalspiel um die Copa Libertadores im Nationalstadion von Santiago de Chile 2:0 gegen die uruguayische Mannschaft Peñarol. River lag nicht nur nach Toren vorn, die Mannschaft überrannte ihre Gegner in Schwarz und Gold förmlich. Hilflos waren die Uruguayer River Plates ständigen Angriffen ausgeliefert. Doch in der zweiten Halbzeit traten die Uruguayer völlig verwandelt auf, nachdem der argentinische Torwart Amadeo Carrizo einen Kopfball des peruanischen Stürmers Juan Joya allzu lässig parierte.

„Das hat die Spieler von Peñarol ziemlich aufgeregt", kommentierte der argentinische Reporter die Szene. Und tatsächlich glichen die Uruguayer nach der überheblichen Geste des River-Plate-Torwarts durch den Ecuadorianer Alberto Spencer und Julio César Abbadie aus, wobei man den zweiten Treffer auch als Eigentor des uruguayischen „Millonario" Roberto Matosas werten könnte, da er den Schuss von Abbadie unhaltbar für Carrizo abfälschte. In der Verlängerung versetzte die uruguayische Mannschaft ihren Gegnern schließlich durch Spencers zweiten Treffer und ein weiteres Tor von Pedro Rocha den Knock-out. Peñarol machte sich mit der kontinentalen Trophäe auf die Ehrenrunde, während die River-Spieler niedergeschlagen vom Feld schlichen ob der vergebenen Chance, sich zum südamerikanischen Champion zu krönen.

Ermindo Onega von der unterlegenen Mannschaft erklärte Jahre später, es sei „unglaublich" gewesen, wie ihnen der Titel entglitten war. „Nach dem dritten Tor hat Abbadie zu mir gesagt: ‚Nur ihr verliert auf diese Weise.'" Onega beklagte nicht nur, dass die damalige Mannschaft von

River ihren Platz in den Geschichtsbüchern verspielt hatte, sondern auch noch „einen Monat an der französischen Riviera, den uns [der damalige River-Präsident Antonio] Liberti versprochen hatte". Der Trainer der „Millonarios", Renato Cesarini, sprach von „Verrätern". Und auch wenn er keine Namen nannte, dürfte er die beiden Uruguayer in seiner Mannschaft, Matosas und Luis Cubilla, gemeint haben.

Andererseits wurde Cesarini, der seinen Verdacht mit ins Grab nahm, vorgeworfen, für den verletzten Rechtsverteidiger Alberto Sainz den Stürmer Juan Carlos Lallana gebracht und damit die taktische Balance des Teams gestört zu haben. Der Peñarol-Mittelfeldspieler Néstor „Tito" Gonçalves sagte der argentinischen Zeitschrift *EL Gráfico*: „Wir haben das Spiel zu Beginn der zweiten Hälfte gedreht. Uns war klar, dass taktische Umstellungen nicht reichen würden, sondern wir der peinlichen Pleite nur entgehen konnten, indem wir das Klima auf dem Platz veränderten. In unserer Verzweiflung haben wir zu unlauteren Mitteln gegriffen. Ja, wir haben sie beschimpft und ihnen sogar damit gedroht, sie in der Kabine und im Hotel aufzumischen, falls sie gewinnen. Schließlich herrschte eine Stimmung wie im Krieg, und genau das war unser Vorteil gegenüber den passiven River-Spielern.

Dieser Temperamentsunterschied wurde mir am folgenden Tag klar, als die Teams in der Flughafen-Caféteria aufeinandertrafen. Einer von uns fragte über die Lautsprecher: ‚Wie heißt Rivers Vater?' Und irgendjemand erwiderte: ‚Peñarol!' Das war im ganzen Flughafen zu hören, und alle fingen an zu lachen. Vor Scham wären wir am liebsten gestorben, wir hielten unsere Köpfe gesenkt. Umgekehrt hätten wir uns auf sie gestürzt. Solch einen Scherz hätten wir einfach nicht hingenommen, aber sie haben nichts gesagt."

Nach der Rückkehr in die Heimat musste River eine Woche danach in der Liga bei Atlético Banfield antreten. In der zweiten Hälfte setzten die Heimfans ein weißes Huhn mit aufgemaltem roten Diagonalbalken im Strafraum von Carrizos Stellvertreter Hugo Gatti aus – eine klare Anspielung auf die Feigheit der River-Spieler gegen Peñarol, denn im Spanischen bedeutet „ser un gallina" (ein Huhn sein) so viel wie „feige sein". Der sichtlich verängstigte Vogel rannte kreuz und quer über den ganzen Platz. Der Schabernack sorgte nicht nur für Gelächter unter den Banfield-Fans, auch die Zeitungen berichteten am nächsten Tag an prominenter Stelle darüber.

Rivers Spitzname „Gallinas", der am 29. Mai 1966 geboren wurde, hat sich bis heute gehalten. Aber ein halbes Jahrhundert nach dem Vorfall hat sich die abfällige Bedeutung gewandelt. Mittlerweile identifizieren sich die River-Plate-Anhänger selbst mit dem Federvieh. An jedem Spieltag kann man im Stadion Monumental die Fans der Rot-Weißen hören, wie sie die „Gallinas" hochleben lassen.

Höhere Gewalt

Im Jahr 2011 war der ehemalige internationale Schiedsrichter Juan Bava in der Sendung *Pura Quimica* (Reine Chemie) des argentinischen Ablegers von *ESPN* zu Gast. In der Sendung schilderte er ein dramatisches Ereignis in Medellín, wo er als Linienrichter beim Halbfinale der Copa Libertadores zwischen Atlético Nacional aus Kolumbien und Danubio aus Uruguay im Einsatz gewesen war.

Am Abend vor der Partie – das Hinspiel in Montevideo war torlos ausgegangen – führte der heimische Schiedsrichter Octavio Sierra seine ausländischen Kollegen zum Essen aus. Während des Mahls erzählte Sierra von Gewaltakten gegen mehrere Schiedsrichter der kolumbianischen Liga, bevor er seine schockierten Gäste zu der Stelle führte, wo ein Schiedsrichter angeblich auf Befehl des Drogenbarons Pablo Escobar umgebracht worden war. Die Argentinier kehrten völlig verängstigt in ihr Hotel zurück, aber Sierras Erzählungen waren noch nicht das Ende des Schreckens.

„Wir gingen schlafen, doch im Morgengrauen wurde unsere Tür eingeschlagen, einfach in Stücke geschlagen, und drei oder vier Typen mit Maschinenpistolen kamen hereingestürmt und sind über die Betten gesprungen. Ich kauerte in einer Ecke und deutete auf Carlos Esposito, den Schiedsrichter: ‚Mit ihm müsst ihr reden.' Einer von ihnen, ihr Boss, sagte: ‚Hier ist das Geld. Sorgt dafür, dass Nacional gewinnt.' Sie ließen einen Karton zurück, in dem angeblich ein ‚grüner Ziegel' war [eine Million Dollar, die Bava zufolge keiner der Argentinier angefasst hat], dann gingen sie. Es war sechs Uhr morgens. Esposito rauchte eine nach der anderen.

Ich sagte: ‚Carlitos, das ist ungeheuerlich. Aber eins ist klar: Wenn Nacional fünf Minuten vor Ende noch nicht führt, gehe ich selbst aufs Feld und köpfe das Ding in den Winkel. Verstehst du mich? Wir sorgen dafür, dass sie gewinnen, Carlitos. Ich habe zwei kleine Kinder, ich werde mich von denen nicht umbringen lassen." Auf die Frage, wie das Spiel ausgegangen sei, antwortete Bava freiheraus: „Sechs zu null für Nacional." Atlético Nacional zog ins Finale gegen Olimpia aus Paraguay ein, in dem beide Mannschaften ihr jeweiliges Heimspiel mit 2:0 gewannen. Im Elfmeterschießen setzte sich schließlich Nacional durch und gewann die Copa Libertadores.

Unvorsichtige Hände

Nachdem der walisische Leeds-United-Torwart Gary Sprake einen Eckball abgefangen hatte, wollte er den Ball gleich wieder mit rechts zu seinem Mitspieler Terry Cooper werfen, um einen schnellen Gegenangriff zu initiieren. Aber mitten in der Wurfbewegung bemerkte er, dass Cooper vom linken Verteidiger des FC Liverpool, Ian Callaghan, gedeckt wurde. Sprake versuchte verzweifelt, den Abwurf abzubrechen und riss seinen Arm zurück, doch dabei entglitt ihm der Ball und landete im eigenen Tor.

Der außergewöhnliche Treffer in der 44. Minute brachte die 40.000 Fans der Roten an der Anfield Road im Dezember 1967 zum Lachen und den Gastgebern eine 2:0-Pausenführung ein. In der Halbzeitpause versuchten Coach Don Revie und die übrigen Spieler von Leeds den deprimierten Sprake aufzubauen, indes der mitleidlose Stadion-DJ den Song „Careless Hands" (Unvorsichtige Hände) von Des O'Connor spielte. Ab da wurde der Waliser jedes Mal beim Betreten des Spielfelds – er spielte noch sechs Jahre bei Leeds und zwei bei Birmingham City – von den gegnerischen Fans mit „Careless Hands"-Gesängen begrüßt.

Das Abkommen

Am 5. April 1991 wurde das Stadion Camilo Cichero (so der frühere offizielle Name der *Bombonera* der Boca Juniors aus Argentinien) zum Schauplatz einer Realsatire, die mehr von einem Schmierentheater als von einem Fußballspiel hatte. An jenem Abend empfingen die *Xeneize* die Bolivianer von Oriente Petrolero. Beiden Teams reichte ein Unentschieden, um sich neben dem Spitzenreiter der Gruppe 1, Bolívar, für die nächste Runde der Copa Libertadores zu qualifizieren und das Ausscheiden von River Plate zu besiegeln. Seinerzeit zogen die drei Gruppenersten in die nächste Runde ein, und alle anderen Partien waren bereits absolviert.

Der uruguayische Schiedsrichter Ernesto Filippi pfiff das Match an, und die 22 Spieler passten sich den Ball hin und her, ohne auch nur in die Nähe eines der Strafräume zu kommen. Offensichtlich hatten sie sich abgesprochen, und auch die Boca-Anhänger zeigten sich damit mehr als einverstanden. Jeder Rückpass der gegnerischen Verteidiger zu ihrem Torhüter Dario Rojas wurde von den Heimfans mit „Olé"-Rufen und Applaus gefeiert. Nur ein Spieler, Diego Latorre, brachte den Mut auf, sich gegen den außerordentlichen Pakt aufzulehnen. Als er nach 15 Minuten der zweiten Halbzeit eingewechselt wurde, lief er auf den bolivianischen Strafraum zu und feuerte einen Schuss ab, der den Torwart Rojas aufschreckte, aber sein Ziel verfehlte. Die Courage des heutigen Sportreporters wurde mit einem gellenden Pfeifkonzert bestraft. Die letzten Minuten des „Duells" waren das reine Nichts.

Der Radioreporter Victor Hugo Morales unterbrach seinen Kommentar aus Wut über die offenkundige Missachtung der Fair-Play-Regeln. Als Filippi die Farce schließlich beendete, jubelten die Boca-Fans über das Ausscheiden ihrer Erzfeinde von River Plate, als ob ihre Mannschaft die Vereinsweltmeisterschaft gewonnen hätte. In einem Interview der Sendung *Gente de Fútbol* des bolivianischen Senders *Activa TV* gestand Stürmer Francisco Takeo, der das Spiel von der Bank verfolgt hatte, dass „El Abuelo" (Der Großvater) – der Chef der Boca-Hooligans – vor dem Spiel in die Kabine gekommen war und gesagt hatte: „Kleine Bolivianer, mit den Boca-Spielern ist schon alles abgesprochen. Die Partie muss unentschieden enden, damit die ‚Feiglinge' aus dem Wettbewerb fliegen. Vergesst das nicht! Falls doch, werdet ihr hier nicht lebend rauskommen."

Referee Filippi, der nicht fassen konnte, was er miterlebt hatte, reichte einen Bericht beim CONMEBOL ein, in dem er den „fehlenden Einsatz" der Spieler beklagte. Das Papier schlummert vermutlich noch heute zusammen mit anderen verlegten Berichten irgendwo in den Archiven.

Wärst du doch bloß zu Hause geblieben

Der erstmals 1884 ausgetragene Football Association Amateur Cup war ursprünglich für Teams von Sekundärschulen und Universitäten gedacht und schloss professionelle Mannschaften und Spieler aus. Für das erste Finale qualifizierten sich der Old Carthusians Football Club aus Schülern der Charterhouse School in Surrey County und der Casuals Football Club, der hauptsächlich aus Jungen der beiden Londoner Schulen Eton und Westminster bestand. Im Halbfinale hatte Old Carthusians sich 5:1 gegen Bishop Auckland durchgesetzt, Casuals hatte 1:0 gegen die Sherwood Foresters gewonnen.

Am 7. April trafen die beiden Mannschaften im Richmond Athletic Ground ein, um sich zu messen. Allerdings lief Casuals nur zu zehnt auf – der fehlende Lewis Vaughan Lodge hatte in der rund zehn Kilometer entfernten englischen Hauptstadt den Zug verpasst. Der Referee war so entgegenkommend, 20 Minuten zu warten, aber als Lodge weiterhin nicht auftauchte und die 3.500 Zuschauer ungeduldig wurden, pfiff er die Partie an.

Trotz des Handicaps gelang Casuals in der neunten Minute in Person des Innenverteidigers Charles Hatton der erste Treffer. Kurz darauf kam Lodge an, zog sich rasch um und komplettierte sein Team, das immer noch führte. Vielleicht war Lodge noch nicht richtig warm, vielleicht auch aufgeregt wegen seiner Verspätung, auf jeden Fall landete der erste Ball, den er berührte, im eigenen Tor.

Am Ende setzte Old Carthusians sich 2:1 durch und wurde zum ersten Gewinner des FA Amateur Cups. Lodges Kollegen indessen duschten und zogen sich um, und erst als sie sich beruhigt hatten, fragten sie ihren zu spät gekommenen Mitspieler: „Wieso zum Teufel bist du nicht zu Hause geblieben?"

Ekstase

„Der zügellose Ausdruck der Freude sollte nicht als schädlich für unseren Sport verurteilt werden. Sind es nicht in erster Linie die Freude über ein Tor, die ausgelassenen Glücksgefühle bei einem Sieg und die überschäumenden Emotionen (die die meisten von uns so nur im Stadion zeigen können), denen der Fußball seinen Erfolg verdankt? Die Freude des Torschützen ist einer der natürlichsten Aspekte des Sports, der wiederkehrende Höhepunkt für jeden Spieler, ein emotionaler Gipfel, den er nur gemeinsam mit dem Publikum voll auskosten kann. Positive Gefühle wie die spontane Freude sollten nicht durch eine Strafe befleckt werden. Überschwängliche Glücksgefühle mit einer Gelben Karte zu sanktionieren, entspricht nicht dem Geist unseres Spiels. Tore müssen gefeiert werden, wie sie fallen. Wir werden uns auch weiterhin für den freien Ausdruck der Freude an einem Tor und am Fußball einsetzen."

Selbst wenn man ein Dutzend Mal raten dürfte, würde man wahrscheinlich nicht darauf kommen, von wem diese Äußerungen stammen. Es war der spätere FIFA-Präsident Joseph Blatter, der das im Dezember 1984 noch in seiner Funktion als Generalsekretär des Verbands im *FIFA Magazine* schrieb. Aus dem Abstand vieler Jahre kann man das kaum glauben, denn mittlerweile hat die FIFA dem von Blatter seinerzeit verteidigten „zügellosen Ausdruck der Freude" enge Grenzen gesetzt.

In Regel 12 des Fußballregelwerks, die „Fouls und unsportlichem Betragen" gewidmet ist, heißt es: „Spieler dürfen nach einem Tor jubeln, solange sie es nicht übertreiben. Choreografierte Jubelszenen werden aber nicht gefördert und dürfen zu keiner übermäßigen Zeitverzögerung führen. Ein Spieler wird verwarnt, selbst wenn das Tor aberkannt wird, wenn er an einem Zaun hochklettert und/oder sich den Zuschauern auf eine Weise nähert, die zu einem Sicherheitsproblem führt; mit provozierenden, höhnischen oder aufhetzenden Gesten oder Handlungen jubelt; den Kopf oder das Gesicht mit einer Maske oder Ähnlichem bedeckt; das Trikot auszieht oder über den Kopf zieht."

Außerdem heißt es: „Das Verlassen des Spielfelds beim Torjubel an sich ist noch kein verwarnungswürdiges Vergehen. Die Spieler sind aber gehalten, so rasch wie möglich zurückzukehren." Die meisten Spieler halten sich an die Vorschriften, aber immer wieder lässt ein temperamentvoller Akteur ungeachtet der Folgen seinen Gefühlen freien Lauf.

Die Blauroten vom FC Genua aus Ligurien brauchten im Kampf um den Aufstieg in die italienische Serie A unbedingt einen Heimsieg gegen den Konkurrenten Atalanta Bergamo. Kein anderes Ergebnis hätte ihnen am Nachmittag des 28. April 2000 geholfen. Die spannende, nervöse und harte Begegnung verlief ausgeglichen, bis der schnelle blonde Stürmer Davide Nicola mit einer verunglückten Flanke den Gästekeeper Alberto Fontana überwand. Das Stadion Luigi Ferraris explodierte, und der Torschütze stürmte vom Spielfeld zu einer Gruppe von Polizisten und Polizistinnen, nahm eine besonders attraktive Ordnungshüterin ins Visier und küsste sie leidenschaftlich auf den Mund.

Wie der begehrte Spieler später erklärte, habe es sich um eine „Freundin" gehandelt, die dem Ladykiller „ins Netz gegangen" war. Nicola ging für seinen leidenschaftlichen Jubel straffrei aus, die Dame jedoch bekam die Rote Karte gezeigt: Ihr Gatte, der das Spiel am Fernseher verfolgte, rief sie umgehend an und verbannte sie aus dem Ehebett. Offensichtlich hatte er nichts von Blatters Empfehlungen gehört.

Naturgewalten

Die Spieler von Once Caldas aus dem kolumbianischen Manizales sind aufgrund ihres traditionellen Outfits auch als „die Weißen" bekannt. Daher hatte Jhon Viáfara Glück, dass seine Mannschaft am 23. Juni 2004 beim Finalhinspiel der Copa Libertadores in der *Bombonera* von Buenos Aires in den Auswärtstrikots auflief.

Gleich nach dem Anpfiff begann Viáfaras Magen zu rumoren, und irgendwann hielt er es nicht mehr aus. „Wahrscheinlich die Isodrinks", dachte der Mittelfeldspieler und bat den uruguayischen Schiedsrichter Gustavo Méndez, das Spiel zu unterbrechen, um sich in der Kabine erleichtern zu können. Aber der Referee ließ sich nicht darauf ein: Ein derartiges Privileg ist allein dem Torwart vorbehalten. Da Viáfara im wichtigsten Spiel der Vereinsgeschichte seine Mannschaft nicht mehrere Minuten mit einem Mann weniger auf dem Feld zurücklassen wollte, ließ er in der 30. Minute seinen Darmproblemen freien Lauf – auf dem Feld und während des bedeutsamen Matches!

Zu Jhon Viáfaras Glück war seine Mannschaft an dem Abend ganz in Schwarz aufgelaufen. Weder den unbestechlichen Augen der Fernsehkameras noch den Fans fiel etwas Ungewöhnliches an dem Mittelfeldspieler auf. Doch den Spielern der Heimmannschaft blieb der Vorfall wohl kaum verborgen. Vermutlich hielten sie jedes Mal die Luft an, wenn sie den gegnerischen Spieler decken mussten. In der Halbzeitpause konnte der Kolumbianer sich endlich umziehen, und am Ende stand es torlos unentschieden.

Im Rückspiel acht Tage danach schoss Viáfara das Führungstor, doch die Gegner konnten ausgleichen. Im Elfmeterschießen sicherte sich die Mannschaft aus Manizales schließlich ihren ersten kontinentalen Titel. An jenem ruhmreichen Tag lief Once Caldas im üblichen weißen Dress auf, aber das spielte für den Torschützen keine Rolle mehr: Er war sein Problem los.

Eine Epidemie

CA Platense war am 10. Mai 1942 nicht zu stoppen. In der ersten argentinischen Liga hatten die „Braunen" Estudiantes de La Plata in deren eigenen Stadion in der ersten Halbzeit eine heftige Abreibung verpasst. Die Gäste gingen mit einer ungefährdeten 3:0-Führung in die Pause, und einige „Löwen"-Fans verließen fluchtartig das Stadion. In der Kabine stießen die Gäste mit dem in Argentinien äußerst populären Tee *mate cocido* an. Doch in Ermangelung der traditionellen *yerba* (Teeblätter) mussten sie auf brasilianischen Tee ausweichen. Bei der Rückkehr auf den Rasen bekamen die Männer aus Platense Magenkrämpfe, und ihre Widerstandskraft schwand zusehends.

Abgesehen von José Roberto Toledo, der keinen Mate getrunken hatte, konnten sich die Spieler kaum noch auf den Beinen halten. Da Auswechslungen noch nicht erlaubt waren, brach das herausragende Spiel von Platense in sich zusammen, und Estudiantes gewann zur allgemeinen Verblüffung noch mit 7:3. Der Abpfiff erklang um 17 Uhr, aber der Bus mit der unterlegenen Mannschaft konnte erst um 20 Uhr losfahren, denn zu allem Überfluss hatte es nicht genügend Toiletten in der Umkleide gegeben. Die rund 60 Kilometer von La Plata nach Buenos Aires wollten kein Ende nehmen. Unterwegs musste der Bus mehrfach bei Lokalen einen Zwischenstopp einlegen. Seither gab es nie wieder Mate für die „Tintenfische", wie die Spieler und Fans von Platense auch genannt werden.

Als die äthiopische Nationalmannschaft am 11. Oktober 1992 in Casablanca eintraf, war sie guter Hoffnung, im Auftaktspiel der afrikanischen Qualifikationsrunde für die WM 1994 gegen Marokko ein gutes Ergebnis erzielen zu können. Doch dann fiel ein Gästespieler nach dem anderen heftigem Durchfall zum Opfer, vermutlich verursacht durch ein nicht mehr ganz frisches Mittagessen. Schon nach wenigen Minuten musste der Trainer die ersten beiden Auswechslungen vornehmen. Aber die Seuche griff weiter um sich und raffte die *Walyas* dahin. Nach 55 Minuten wurde die Partie beim Stand von 5:0 mit nur noch sechs Äthiopiern auf dem Feld beendet. Die restlichen Männer stritten derweil um die „Throne" in der Kabine.

Ebenfalls das Essen – in diesem Fall verdorbener Fisch – dezimierte am 4. Januar 1902 Stoke City beim Gastspiel an der Anfield Road des FC Liverpool. Stoke beendete die Partie zu siebt und mit einem 0:7. Großer Nutznießer des gegnerischen Unglücks war Andy McGuigan, der als erster Liverpool-Spieler fünf Tore in einem Match erzielte.

In Bolivien sollte 1999 im Halbfinale in der Copa Simón Bolívar – bei der es um den Aufstieg in die erste Liga ging – der CA Ciclón aus Tarija bei Atlético Pompeya aus der Stadt Trinidad antreten. Doch die Gäste erschienen nicht im Stadion Yoyo Zambrano: Sämtliche Ciclón-Spieler litten unter akutem Durchfall. Gegenüber der Presse äußerten die Verantwortlichen des Vereins den Verdacht, dass „Leute mit Kontakten" zum gegnerischen Verein dahinter steckten. Atlético Pompeya zog in die nächste Runde ein und sicherte sich durch einen Sieg über Mariscal Braun den Aufstieg.

Unwillkommene Hilfe

Schiedsrichter Thomas Essbach aus der DDR hatte nichts Böses im Sinn, sondern lediglich Mitleid mit dem 18-maligen Nationalspieler Carsten Sänger. Der Spieler war schon knapp eine Stunde auf der Toilette, ohne dem Dopingtest Genüge tun zu können. Gleichgültig, wie viel Wasser Sänger in sich hineinschüttete, sein Körper saugte nach der Ligapartie alles auf.

„Also gut, Junge, dann helfe ich dir eben", erklärte Essbach und füllte den Becher für den ausgetrockneten Spieler, indes die Kontrolleure ihnen den Rücken zuwandten. Das dicke Ende kam allerdings einige Tage darauf, als die Dopingprobe ein positives Ergebnis erbrachte. Der Schiedsrichter hatte vergessen, dass er gegen eine Erkältung Medikamente mit von der FIFA verbotenen Substanzen genommen hatte. Sänger und Essbach gestanden ihre Dummheit ein und wurden dafür bestraft. Wie der Volksmund so schön sagt: „Die Medizin schmeckt manchmal bitterer als die Krankheit."

Patt

Am 7. Mai 1961 empfing im Bogotaer Stadion Nemesio Camacho (auch *El Campín* genannt) Independiente Santa Fe die Bolivianer von Deportivo Jorge Wilstermann zum Viertelfinalrückspiel der Copa Libertadores. Ein Treffer gegen Gästekeeper Óscar Claure Méndez führte zu einer Pattsituation: Nach einem 3:2 im Stadion Félix Capriles in Cochabamba und dem 1:0 in der kolumbianischen Hauptstadt stand es unentschieden nach Punkten und Toren. Ohne Auswärtstorregel und Elfmeterschießen, die noch nicht eingeführt waren, erwog man eine dritte, entscheidende Partie.

Die beiden Klubs hatten sich schon auf den folgenden Sonntag, den 14. Mai, erneut im El Campín geeinigt, doch dann zog die bolivianische Vereinsspitze ihre Zustimmung zurück, laut der Bogotaer Zeitung *El Tiempo* vom 9. Mai 1961, weil ein einwöchiger Verbleib in der Kaffeehauptstadt sie „10.000 US-Dollar kosten würde". Um eine Entscheidung herbeizuführen, einigte man sich schließlich auf einen Losentscheid in der Zentrale der ADEFUTBOL (der damalige kolumbianische Fußballverband), um die Pattsituation ohne weiteres Spiel zu lösen.

In einem Bericht von *El Tiempo* heißt es: „Zwei Loszettel wurden vorbereitet, um zu entscheiden, welcher Verein im Campeonato de Campeones de America bleiben würde, Wilstermann unter dem Präsidenten Jorge Rojas Tardío oder der Klub aus Santa Fe unter dem Präsidenten Jorge Ferro. Jorge Garcés, ein Ex-Funktionär der ADEFUTBOL, wurde gebeten, den Sieger zu bestimmen. Die zuerst gezogene Mannschaft sollte aus dem Wettbewerb ausscheiden. Das erste Los wurde gezogen, und Eduardo de

Castro verkündete das Ende für Jorge Wilstermann. Letztlich waren drei Jorges dabei, als der vierte Jorge – Wilstermann – ausschied."

Die Bolivianer akzeptierten den Entscheid und machte sich auf den Weg zurück nach Cochabamba. Einige Jahrzehnte später behauptete Jorge Rojas Tardío allerdings, beim Losentscheid sei betrogen worden: „Etliche Jahre später erfuhren wir, dass es der Wunsch der CONMEBOL war, dass Wilstermann rausfliegt und Santa Fe ins Halbfinale einzieht." Er fuhr fort: „Auf beiden Zetteln stand damals der Name Wilstermann", und „der Schiedsrichter der Partie (der Argentinier Luis Ventre) hat uns gegenüber zugegeben, dass er gedrängt wurde," den Betrug zu unterstützen.

Wie dem auch sei: Die Cardinals zogen ins Halbfinale ein, wo sie von Sociedade Esportivo Palmeiras aus Brasilien ausgeschaltet wurden, durch ein 2:2 in Bogotá und ein deutliches 4:1 im Stadion Paulo Machado de Carvalho (auch als *Pacaembú* bekannt) in São Paolo.

Elf minus vier (und einen im Sinn)

Der brasilianische Schiedsrichter Francisco Lima begann zu zählen: eins, zwei, drei, vier, fünf, sechs – tatsächlich nur sechs? Viermal hatte er am 15. April 2003 die Rote Karte gezogen, und die Mannschaft aus Naútico hatte das Match gegen Rio Negro ganz normal mit elf Spielern begonnen. Wo war also der siebte? Es lief die 72. Minute und Rio Negro führte 5:0, als Lima den vierten Naútico-Spieler vom Feld schickte. Doch als er die Partie im Stadion Flamarion Vasconcelos wieder anpfeifen wollte, kam dem Schiedsrichter etwas komisch vor.

Also überprüfte er noch einmal die Zahl der Spieler im schwarz-roten Trikot (das Gleiche wie von AC Mailand). Dabei stellte er fest, dass ein Spieler unbemerkt von ihm und seinen Assistenten verschwunden war. Lima rief den Kapitän von Naútico zu sich, und als der Kapitän ihm keine Auskunft geben konnte, pfiff Lima das Spiel ab. „Sein einziger vernünftiger Pfiff heute", murmelte einer der Spieler des chancenlosen Teams.

Flucht

Die Fußballer von Rimini Calcio lieferten eine wahrhaft heldenhafte Leistung ab. Mit drei Spielern weniger – alle drei hatten die Rote Karte gesehen – gelang ihnen im heimischen Stadion Romeo Neri in der Lega Pro Seconda Divisione der Serie C ein wertvolles 1:1 gegen Castel San Pietro Terme Calcio. Aber trotz dieses Kunststücks kochten die Tifosi am 26. April 1998 vor Wut. Für sie stand fest, dass der Schiedsrichter ihnen mit vermeintlich ungerechtfertigten Platzverweisen den sicheren Sieg über einen unterlegenen Gegner gestohlen hatte.

Beim Schlusspfiff stürmten die Fans den Rasen und gingen auf Antonio Manari los, um ihm ihre Meinung über seine Leistung mitzuteilen. Der Schiedsrichter flüchtete im letzten Moment in die Kabine, bevor er den Fans in die Hände fallen konnte, die ihm an den Kragen wollten. Die Polizei räumte das Stadioninnere und den Kabinentrakt, aber Hunderte Fanatiker warteten außerhalb des Stadions, wo sie unter lautstarken Drohungen mit Steinen und anderen Gegenständen warfen. Ohne sicheren Fluchtweg auf dem Boden, bat die örtliche Polizei die *Guardia di Finanza*, eine Spezialtruppe des Ministeriums für Wirtschaft, um Hilfe. Die Guardia entsandte ein Einsatzteam und einen Hubschrauber, der auf dem Spielfeld landete, um den Schiedsrichter und seine Assistenten zu evakuieren. Manari kehrte unbeschadet in seine Heimatstadt Teramo zurück und machte von da an einen weiten Bogen um Rimini.

Den Falschen umarmt

Im Januar 1989 stand es 1:1 zwischen dem venezolanischen Meister Club Sport Marítimo und Arroceros de Calabozo, dem schwächsten Team der ersten Liga des südamerikanischen Landes. Alle hatten sich schon mit dem Unentschieden abgefunden, da erzielte der brasilianische Stürmer Edilberto doch noch das Siegtor für Marítimo. Edilberto war außer Rand und Band und umarmte den nächstbesten Mann auf dem Feld. Zu seinem Pech war das Schiedsrichter Antonio López.

Als der Referee sich von dem unerwarteten Gefühlsausbruch erholt hatte, zeigte er dem anhänglichen Spieler die Rote Karte. Was für ein herzloser Schiedsrichter!

Exhibitionisten

Manchmal geht der Jubel so weit, dass selbst eine Verwarnung oder Hinausstellung ungenügend erscheint. Statt die hemmungslos Feiernden unter die Dusche zu schicken, sollte man für sie lieber einen Termin beim Therapeuten vereinbaren. Im Dezember 1995 fiel Villarricas Mittelstürmer Carlos Román aus dem paraguayischen Departamento Guairá keine bessere Art ein, seinen Treffer zu feiern, als die Hose bis zu den Knien hinunterzuziehen.

„Ich habe keine Ahnung, was da mit mir los war. Nachdem ich den Keeper ausgespielt habe, bin ich mit dem Ball ins Tor gelaufen. Und dann bin ich ausgeflippt", so der Erklärungsversuch des überschwänglichen Angreifers, der für seine Aktion in der 38. Minute die Rote Karte sah. Obwohl Villarrica den Großteil des Spiels mit zehn Mann auskommen musste, besiegte die Mannschaft das Team aus San José mit 3:0.

Mehr als von der Niederlage ihres FC Mragovia in einer unterklassigen polnischen Liga waren die Fans davon schockiert, dass Zbigniew Romanowski, Stürmer von Reduta Bisztynek, nach jedem Treffer seinen Penis hervorholte. Am Tag nach dem Spiel im April 1998 schickten die beleidigten Fans einen Brief an die Zeitung *Gazeta Olsztynska* – aus Protest gegen Romanowskis Unflätigkeit und die Passivität des Schiedsrichters, der den rüden Stürmer ohne Strafe davonkommen ließ.

Im April 2000 wurde im Iran ein Fußballer von einem Gericht des islamischen Landes lebenslang gesperrt, weil er sich seiner Hose entledigt und sein Tor mit einer Ehrenrunde in Unterhose zelebriert hatte. Der junge Stürmer Mohsen Rassuli schoss im Halbfinale des iranischen Pokals in der 119. Minute den Siegtreffer für den FC Saypa aus Teheran gegen den traditionellen Rivalen FC PAS. Der überzogene Jubel wurde nicht nur von den Zuschauern im ausverkauften Stadion gesehen, das Spiel wurde auch live im staatlichen Fernsehen übertragen, das bei internationalen Partien vergleichbare anstößige Szenen herausschneidet. Rassulis Vergehen wurde als derart schwerwiegend angesehen, dass der Fall unmittelbar der staatlichen Justiz übergeben wurde, ohne die Disziplinarkommission des iranischen Fußballverbands einzuschalten. Zusätzlich zu der harten sportlichen Strafe wurde eine Geldstrafe von umgerechnet 33.000 US-Dollar verhängt, die der Fußballer zur Hälfte auf der Stelle, zur Hälfte in Raten beglich.

Nach wie vor reißen sich viele Torschützen bei einem wichtigen Treffer das Trikot herunter und schwenken es über dem Kopf, obwohl ihnen dieser Freudenausbruch die Gelbe Karte einbringt. Auch der Brasilianer William von Ponta Porã aus dem Bundesstaat Mato Grosso vollführte diesen „Helikopter"-Jubel, nachdem er gegen Nova Andradina den Führungstreffer erzielt hatte. Allerdings verlieh er dem populären Jubel eine individuelle Note: Er nutzte nicht sein Trikot als „Rotor", sondern seine Hose. William flog vom Feld, sein dezimiertes Team verlor, und zu allem Überfluss wurde der übermütige Torschütze auch noch wegen Obszönität und Erregung öffentlichen Ärgernisses von der Polizei verhaftet. Aber kein Unwetter, bei dem sich nicht am Horizont schon ein Silberstreif zeigen würde, und so war es auch bei dem Sturm, in den William geraten war: Er wurde für eine Werbekampagne angeheuert, und zwar für – Unterwäsche!

Platzverweis vom eigenen Kapitän

Am 18. Oktober 1914 kam der Stürmer Francisco Fuentes zu seinem Debüt in der ersten Mannschaft der Boca Juniors, nachdem er zuvor einen Stammplatz auf der Tribüne gehabt hatte – da Auswechslungen nicht erlaubt waren, gab es auch keine Ersatzbank. An jenem Nachmittag empfingen die Bocas in Wilde, in dem Vorläufer der berühmten *Bombonera* das Team von Comercio. Fuentes wollte sich um jeden Preis einen Stammplatz erobern und dafür war ihm jedes brutale Mittel recht. Der kräftige Angreifer spielte weniger Fußball, als dass er die gegnerischen Spieler bearbeitete, einerlei, ob die gerade den Ball hatten oder nicht.

Sobald der Schiedsrichter ihm den Rücken zudrehte, traktierte Fuentes die Gegner mit Fäusten und Ellbogen. Aber anders als von ihm gedacht, stieß er mit seinen Methoden bei den Boca-Fans auf wenig Gegenliebe.

Schließlich verließ der Spieler sogar den Rasen, um es mit den unwilligen Zuschauern aufzunehmen! Glücklicherweise schritten rechtzeitig mehrere Offizielle ein und zwangen den Debütanten, sein Vorhaben aufzugeben und aufs Feld zurückzukehren. Das Ganze war seinem Team so peinlich, dass Kapitän Donato Abbatángelo höchstpersönlich den streitsüchtigen Fuentes des Feldes verwies. Die Blau-Goldenen setzten das Spiel zu zehnt fort, dennoch gewannen sie durch ein Tor von Francisco Taggino in der 73. Minute mit 1:0.

Die Schuhe, die Glück brachten

Die extra aus Italien eingeflogenen Schuhe umschmeichelten die Füße des Liverpooler Stürmers Michael Owen. Der Jungstar der englischen Mannschaft war glücklich über seine neuen, bequemen und federleichten Schuhe, die sein persönlicher Schuhsponsor ihm für das FA-Cup-Finale 2001 gegen Arsenal geschickt hatte. Doch als Liverpools französischer Trainer Gerard Houllier in der Kabine des Cardiffer Millennium Stadiums seinen Spieler in den brandneuen Schuhen erblickte, befahl er ihm, auf der Stelle wieder die alten anzuziehen: „Deine Tore hast du mit den alten Tretern geschossen!" Der Torjäger, der in den vorherigen drei Spielen sechsmal getroffen hatte, hielt das zuerst für einen Witz. Aber Houllier blieb unerbittlich: Wenn Michael nicht nachgeben würde, könne er sich mit seinen neuen Schuhen auf die Ersatzbank setzen. Also zog der Stürmer seine alten, eingetragenen Schuhe an. Und das Schicksal sollte dem Coach recht geben: Liverpool schlug Arsenal durch zwei Owen-Tore 2:1.

Mit seiner Siegermedaille um den Hals kehrte der Torjäger in die Kabine zurück und fiel seinem Trainer in die Arme. Dieser gratulierte ihm zu seiner Leistung, aber insbesondere dazu, dass er auf ihn gehört hatte und mit den magischen Glücksschuhen aufgelaufen war. Nicht so glücklich waren dagegen die Vertreter der Schuhfirma. Was sollten sie nun mit den tausend Schuhpaaren anfangen, die sie eigentlich am Tag nach dem glanzvollen Finale in die Geschäfte hatten bringen wollen?

Der Stürmer Gottes

Als die Spieler von Estudiantes, dem dreimaligen Gewinner der Copa Libertadores, am 29. April 1971 im traditionsreichen Stadion Jorge Luis Hirschi in La Plata den Rasen betraten, kam es weder ihnen noch den Fans in den Sinn, dass ihre Serie ohne Heimniederlage in dem südamerikanischen Wettbewerb ausgerechnet an jenem Tag ein Ende finden würde, denn der Gegner Barcelona Sporting Club aus Ecuador galt als äußerst schwach. Nichts sprach für eine Niederlage: In dem mittlerweile abgerissenen Stadion hatte Estudiantes elf Spiele lang nicht verloren und sich dabei gegen schwere Gegner wie River, Racing und Independiente aus Argentinien, Peñarol und Nacional aus Uruguay und Palmeiras aus Brasilien behauptet. Außerdem hatte man wenige Tage zuvor in Guayaquil durch ein Tor von Juan Echecopar das Team von Barcelona mit 1:0 geschlagen. Aber im Fußball geschehen immer wieder Wunder – und das kann man in diesem Fall ganz wörtlich verstehen, denn Barcelona gewann durch ein Tor des Basken Juan Manuel Bazurko, der neben seiner Laufbahn als Fußballer auch Pfarrer war!

Der 1944 in Mutriku geborene Bazurko begann mit dem Fußballspielen beim CD Mutriku. Ende der 1960er-Jahre wurde er zum Priester geweiht und 1969 nach San Camilo de Quevedo in der ecuadorianischen Provinz Los Rios entsandt. Dort kümmerte er sich nicht nur um die Kirchengemeinde San Cristóbal, sondern lebte auch seine Leidenschaft für den Fußball aus. In den Samstagsspielen der regionalen Liga machte er sich einen Namen als schneller und kampfstarker Stürmer mit gefürchteten Kopfbällen.

Nachdem er zunächst für San Camilo erfolgreich war, wechselte er nach einem Jahr zu Liga Deportiva Universitaria de Portoviejo. Mit seiner Effektivität erregte er schon bald das Interesse von Barcelona, das sich als Landesmeister für die Copa Libertadores 1971 qualifiziert hatte. Mit Erlaubnis des Bistums ging der außergewöhnliche Stürmer daraufhin in Guayaquil auf Torejagd, nachdem er zugesagt hatte, seine Einkünfte aus dem Fußball an die Gemeinde San Camilo zu spenden. Obwohl sein Trainer, der Brasilianer Otto Viera, nicht restlos von ihm überzeugt war, brachte er ihn gegen den dreimaligen Champion Estudiantes von Beginn an. Und in der 63. Minute erzielte der Pfarrer tatsächlich wie durch göttliche Fügung den einzigen Treffer der Begegnung.

Doch die doppelte Karriere von Pfarrer Bazurko fand wenig später ein Ende. Nach dem aufsehenerregenden Sieg gegen die kontinentalen Champions schied die Mannschaft im Halbfinale der Libertadores aus, gewann allerdings noch einmal die ecuadorianische Meisterschaft.

Im Anschluss hängte der Priester die Fußballschuhe an den Nagel und tauschte Trikot und kurze Hosen gegen das Priestergewand ein, wenngleich nicht für immer. Einige Jahre danach kehrte er ins Baskenland zurück, nahm Abschied vom Priesteramt, heiratete und bekam zwei Kinder. Aber durch das „Wunder", das er im Estudiantes-Stadion vollbrachte, wird er für immer unvergessen bleiben.

Strafe

Die Iraner Mohammad Nosrati und Sheys Rezaei vom FC Persepolis waren zwei übermütige, junge Kerle. Nachdem Vahid Hashemian am 29. Oktober 2011 den Verein im persischen Golfpokal bei Damash Gilan in Führung gebracht hatte, stürmte Nosrati zur Jubeltraube seiner Mitspieler. Da überkam ihn die großartige Idee, Rezaei in den Hintern zu kneifen. Nach drei weiteren Treffern stand es im Stadion Sardar Jangal, der Heimstätte von Damash Gilan, drei Minuten vor dem Ende 2:2. Alles schien auf ein Unentschieden hinauszulaufen, als Mohammad Nouri den Ball zum Sieg für die Gäste ins Tor feuerte und sämtliche Persepolis-Spieler sich an der Eckfahne übereinanderwarfen.

Inmitten des Haufens revanchierte Rezaei sich bei Nosrati für den Kniff in den Hintern. Doch schon wenige Stunden nach dem Abpfiff gab es für Persepolis keinen Grund mehr zur Freude, insbesondere nicht für die beiden Spieler mit den vorwitzigen Fingern: Ein Teheraner Gericht bestrafte das „skandalöse" Verhalten der beiden Kicker mit unnachgiebiger Härte und verurteilte sie laut einem Bericht der halbstaatlichen Nachrichtenagentur *Fars* zu zwei Monaten Gefängnis und 74 Peitschenhieben in der Öffentlichkeit. Das Gericht erkannte in Nosratis und Rezaeis Handeln einen Verstoß gegen die Sittlichkeit. „Das Strafmaß für derartige Taten beträgt bis zu zwei Monate Gefängnis und 74 Peitschenhiebe", erklärte ein Richter und fuhr fort: „[Der Vorfall] ist besonders gravierend, weil er sich vor tausenden Zuschauern und den Fernsehkameras ereignete." Bis zur Drucklegung des vorliegenden Buches sind die beiden Spieler nie wieder in der nationalen Profiliga aufgelaufen. Eine harte Strafe, die in westlichen Augen zweifellos unangemessen erscheint.

Schmerzhafter Jubel

Das Schicksal des Schweizers Paulo Diogo sollte allzu ausgelassene Torschützen ins Grübeln bringen. Wie bereits in einer der früheren Anekdoten erwähnt, darf laut FIFA-Regeln kein Element der Spielkleidung (einschließlich Schmuckstücken) eine Gefahr für den Spieler selbst oder seinen Gegner darstellen. Doch am 5. Dezember 2004 gab es diese Regelung noch nicht. An jenem Tag führte der Schweizer Tabellenletzte Servette Genf beim Vorletzten FC Schaffhausen mit 2:1, wodurch die Gäste das Heimteam überholt hätten. In der hart umkämpften Abstiegspartie gab das Heimteam nicht auf, sondern drängte mit aller Macht auf den Ausgleich, um die eigene Hoffnung am Leben zu halten. Doch bei einem Konter in der 88. Minute rannte der schnelle Servette-Stürmer Diogo auf den Heimtorwart zu und gab die präzise Vorlage zur Entscheidung. Der Schweizer rannte in die Fankurve und klammerte sich an die Umzäunung. Als er wieder hinuntersprang, verhakte sich sein Ehering – er hatte erst wenige Tage vorher geheiratet – im Zaun, und der Finger wurde abgerissen. Der Stürmer wurde umgehend in ein Züricher Krankenhaus gebracht, wo die Ärzte vergeblich versuchten, den Finger wieder anzunähen. Als wäre dieser Verlust nicht Strafe genug gewesen, erhielt der Spieler für seinen übermäßigen Jubel auch noch die Gelbe Karte.

Immer wieder hört man, dass die Rache grausam sein wird. Dazu könnte sicherlich auch Thierry Henry etwas sagen. Am 6. Mai 2000 erzielte der französische Torjäger im Trikot des FC Arsenal im Londoner Derby gegen den FC Chelsea zwei Treffer. Nach dem zweiten rannte Henry zur Eckfahne und kickte diese jubelnd weg. Doch die elastische Stange schnellte wieder zurück und traf ihn mitten im Gesicht. Dank der medizinischen

Abteilung der Gunners konnte der Franzose schließlich weitermachen, wenn auch ein wenig benommen. Immerhin reichten die beiden Tore für einen wichtigen 2:1-Sieg. Und nicht genug mit den Schmerzen: Henry bekam vom gestrengen Referee Mike Reed auch noch die Gelbe Karte.

Schmerzhaft endete der Jubel auch für den Argentinier Martin Palermo, allerdings war er daran komplett unschuldig. Am 29. November 2001 gelang Palermo in der Copa del Rey der Ausgleich für Villareal gegen UD Levante aus Valencia. Der Angreifer stürmte zur Tribüne, um mit einer Handvoll Fans, die das „gelbe U Boot" nach Valencia begleitet hatten, zu feiern. Doch dann geschah etwas Unvorhersehbares: Die Bande, die die Fans vom Spielfeld trennte, stürzte auf Palermos rechtes Bein und verursachte einen doppelten Schien- und Wadenbeinbruch. Mehrere Mitspieler, die mit Palermo jubelten, entkamen nur knapp. „Wenn dreitausend Leute gegen die Bande gedrückt hätten, wäre es zu einer Tragödie gekommen", erklärte der rumänische Angreifer Gheorghe Craioveanu, der nur um Haaresbreite davonkam. Wegen des Unglücks musste Palermo mehr als vier Monate pausieren.

Am 18. April 1993 stand es im altehrwürdigen Wembley Stadion, dem Finalort des englischen Ligapokals, 1:1 zwischen dem FC Arsenal und Sheffield Wednesday, als in der 68. Minute der Engländer Paul Merson von Arsenal sich links durchsetzte. Seine genaue Flanke wurde vom Nordiren Stephen Morrow verwandelt. Das 2:1 für Arsenal hatte bis zum Schlusspfiff durch Schiedsrichter Allan Gunn Bestand, und Arsenal konnte einmal mehr einen Titel feiern. Morrow badete im Jubel der Fans, als der hünenhafte Verteidiger und Kapitän der Gunners, Tony Adams, 50 Meter angelaufen kam, um ihn hochleben lassen. Mit all seiner Kraft – und leider auch mit all seiner Ungeschicklichkeit – versuchte er, den Helden zu schultern. Dabei kippte der Torschütze nach hinten, stürzte zu Boden und brach sich den rechten Arm. Morrow verpasste den Rest der Saison, aber immerhin nicht die Pokalfeier. Mit einer Schlinge vom Teamarzt ging er auf die Ehrenrunde.

In Brasilien war am 31. Januar 2011 der Torwart von Sport Recife, Saulo, alles andere als zufrieden mit dem mageren 1:1 seiner Mannschaft im heimischen Stadion Ilha do Retiro gegen Acadêmica Vitória, das schlechteste Team der Staatsmeisterschaft von Pernambuco. Die Nachspielzeit war schon angebrochen, als Schiedsrichter Emerson Sobral Recife an der rechten Ecke des gegnerischen Strafraums einen Freistoß zusprach. Der Keeper stürmte nach vorn und nutzte seine 198 Zentimeter Körpergröße, um den präzisen Flankenball von Carlinhos Bala einzunetzen. Die mehr als 20.000 Zuschauer explodierten, und Saulo rannte in die Kurve, um mit ihnen zu feiern. Doch hinter dem gegnerischen Tor knickte er um und stürzte zu Boden. Wegen eines Risses des vorderen Kreuzbandes musste er sechs Monate pausieren. Der Keeper wurde auf der Bahre abtransportiert, und seinen Platz im Tor übernahm der gerade einmal 1,63 Meter kleine Carlinhos Bala. Doch der klein geratene Mittelfeldspieler erwies sich mit den Händen als ebenso begabt wie mit den Füßen und hielt mit zwei gekonnten Paraden seinen Kasten bis zum Ende sauber.

Auch Leonard Shaun Goater von Manchester City zog sich beim Jubeln einen Kreuzbandriss zu. Im Oktober 2002 fiel dem Angreifer im Stadion St. Andrews von Birmingham City beim Treffer seines Teamkollegen Nicolas Anelka nichts Besseres ein, als diesen mit einem Tritt gegen die Bande zu feiern. Allerdings hatte Goater nicht genau genug Maß genommen und rammte den Aluminiumrahmen der Bande mit dem Knie. Der Preis für seine Dummheit war eine zweimonatige Verletzungspause. Eine eher geringe Strafe für einen Wiederholungstäter, denn ein paar Jahre zuvor, 1998, hatte der Stürmer einen Treffer mit einem gewagten Salto garniert und dafür mit einem gebrochenen Arm bezahlt.

Dieselbe Form des Jubels wurde auch Celestine Babayaro zum Verhängnis. Der Nigerianer feierte 1997 ein Tor des FC Chelsea in einem unbedeutenden Vorbereitungsspiel gegen den unterklassigen FC Stevenage mit einem überflüssigen Salto, verpatzte aber die Landung. Wegen eines komplizierten Bruchs konnte er mehrere Monate nicht auflaufen.

Besonders fatal war jedoch der Unfall des Argentiniers Fabián Espíndola vom US-amerikanischen Klub Real Salt Lake am 7. September 2008. Nachdem die ersten fünf Minuten der Partie gegen Los Angeles Galaxy den Zuschauern im Stadion Rio Tinto in Utah noch keine Tore geboten hatten, zog Espíndola mit rechts ab und versenkte den Ball im linken Eck des von Steve Cronin gehüteten Tores. Aus Freude über seine gelungene Aktion vollführte der Argentinier einen riskanten Salto. Auch ihm misslang die Landung, und das Ergebnis war eine schwere Verstauchung des Knöchels, die ihn zwei Monate außer Gefecht setzte. Espíndola humpelte vom Feld und wurde vom Armenier Yura Movsisyan ersetzt. Noch während sich die Ärzte an der Seitenlinie um den Argentinier kümmerten, erfuhr er, dass sein wunderschönes Tor wegen der Abseitsstellung seines Sturmpartners Kyle Beckerman nicht zählte.

Freunde für immer!

Im September 1996 brachte Hector Cabello in Chiles erster Liga Coquimbo Unido in Führung, ein Treffer, den auch Torwart Leonardo Canales und Verteidiger Carlos Soto ausgelassen bejubelten, womit sie für einige Aufregung im Land sorgten. Kein Wunder: Die beiden spielten für Provincial Osorno, Coquimbos Gegner an jenem Nachmittag! Die beiden Spieler wurden umgehend aus der Mannschaft verbannt und ins Kreuzverhör genommen.

Die aufgebrachten Osorno-Fans forderten die Köpfe von Canales und Soto, und die beiden mussten mitten in der Nacht aus der Stadt flüchten, aber nicht, ohne zuvor noch ihr ungewöhnliches Verhalten zu erklären: Sie und Cabello wären beste Freunde, seit sie in anderen Teams zusammengespielt hätten.

Leckerer Volltreffer

Der Goodison Park explodierte. Am 24. Januar 1981 kam es in der vierten Runde des FA Cups zum Liverpooler Derby, in dem Everton den Heimvorteil nutzte und 1:0 in Führung ging. In der 60. Minute setzte sich Stürmer Eamon O'Keefe links durch und bediente mit einer genauen Flanke Imre Varadi, der zwischen den machtlosen Verteidigern und Keeper Ray Clemence freistand und mühelos einschieben konnte. Varadi rannte zur Tribüne (die seinerzeit durch einen Zaun vom Feld getrennt war), um mit den Fans zu feiern. Allerdings dachte er in dem Moment nicht daran, dass er ausgerechnet zu jenem Tribünenabschnitt lief, der bei dem brisanten Match den Fans des FC Liverpool vorbehalten war.

Diese waren angesichts des drohenden Ausscheidens ihres Herzensvereins ohnehin schon außer Rand und Band, und nun goss Varadi mit seiner Geste auch noch unbeabsichtigt Öl ins Feuer. Der Torschütze bemerkte sein Versehen erst, als er nur noch wenige Handbreit vom Zaun entfernt war und nicht mehr einer Fleischpastete ausweichen konnte, die ein zornentbrannter Anhänger der Roten nach ihm warf. „Vor lauter Euphorie bin ich zum Liverpooler Fanblock gerannt. Einer der Fans hat mich mit einer Pastete mitten im Gesicht getroffen. Den Geschmack habe ich immer noch im Mund", sagte Varadi Jahre später lächelnd und ein wenig wehmütig über seinen köstlichen Jubel.

Ein verteufelter Tag

Der Nachmittag des 26. Oktober 1986 hätte für CA Independiente nicht schlimmer verlaufen können. In der ersten argentinischen Liga empfingen die „Roten Teufel" das Durchschnittsteam Racing Córdoba, doch was auf dem Papier nach einem leichten und wenig aufregenden Sieg aussah, entwickelte sich zu einer Tragödie. Nach zehn Minuten der zweiten Halbzeit waren noch keine Tore gefallen, als Referee Aníbal Hay den größten Star der Roten, Ricardo Bochini, wegen Reklamierens vom Feld stellte.

17 Minuten danach hielt Córdobas Keeper Manuel Serrano einen Elfmeter von Gerardo Reinoso. Weitere 15 Minuten darauf erzielte Independientes Verteidiger Juan Carlos Erba den einzigen Treffer des Tages – leider ins eigene Tor. Und um einen der schlimmsten Tage in der Geschichte des Vereins abzurunden, stieß eine Minute vor dem Ende Torhüter Luis Islas mit dem gegnerischen Stürmer Carlos Pajurek zusammen, wobei er sich Schien- und Wadenbein brach und mehr als sechs Monate pausieren musste. Wie es so schön heißt: ein verteufelter Tag!

Ehrliche Bestechung

Der Präsident eines kroatischen Erstligisten gestand im August 2002, einen Schiedsrichter bestochen zu haben, „damit er seinen Job richtig erledigt". Der aufrichtige Chef von Hrvatski Dragovoljac, Stjepan Spajic, händigte Ivan Katusa vor dem Spiel gegen Slaven Belupo 10.000 Euro aus.

Als Hrvatski mit 1:2 verlor und damit abstieg, suchte Spajic den Referee in der Kabine auf und forderte das Geld zurück, „weil er alles andere als ehrlich gepfiffen hatte". Der Mann in Schwarz gab der Forderung nach.

Der außergewöhnliche Fall wurde von der Presse ans Licht gebracht, und die kroatische Disziplinarkommission sperrte den Offiziellen für zwei Jahre, den Schiedsrichter auf Lebenszeit. Auf diese Weise lernte Letzterer, dass man manchmal lieber gleich Nein sagen sollte.

Zwei Rote Karten – in einem Spiel

Atlético Mineiro aus Bela Horizonte war in der ersten Runde der Copa Libertadores noch ungeschlagen, hatte aber auch noch keine Partie gewonnen, als die Mannschaft am 16. März 1972 im paraguayischen Puerto Sajonia gegen Olimpia antreten musste und durch zwei frühe Tore eine beruhigende Führung herausschoss.

Schon in der neunten Minute traf Ronaldo (Ronaldo Gonçalves Drumond, nicht verwandt mit den beiden Ausnahmespielern späterer Jahrzehnte, Ronaldo Luiz Nazário de Lima und Ronaldo „Ronaldinho" de Assis Moreira), in der 12. erhöhte der Stürmer Dario (Dario José dos Santos, der unter dem Spitznamen „Dadá Maravilha" berühmt und 1970 mit der brasilianischen Mannschaft in Mexiko Weltmeister wurde). Doch das paraguayische Team kam zurück und glich unter Mithilfe des chilenischen Schiedsrichters Lorenzo Cantillana durch Tore von Alcides Sosa in der 18. Minute und Crispín Verza in der 73. Minute aus. Noch Jahre danach regte Dario sich auf: „Der Schiedsrichter hat uns bestohlen. Die beiden Tore von Olimpia waren ein Riesenskandal."

Am meisten ärgerten die Männer im Zeichen des Hahnes sich über Verzas Tor, da diesem in ihren Augen ein klares Foul vorangegangen war. Wie Dario weiter ausführte: „Ich forderte von Cantillana Freistoß für uns, aber er zeigte mir einfach Rot." Wütend über den Platzverweis, gingen die Gäste auf den Schiedsrichter und seine paraguayischen Assistenten los und lösten ein wildes Handgemenge aus. Inmitten der Tritte und Schläge stellte Cantillana mit Ronaldo und Odair zwei weitere brasilianische Spieler vom Feld, außerdem erhielt Verza von den Gastgebern die Rote Karte.

Dario nutzte das Durcheinander, zog das Trikot mit der Nummer 9 aus und ließ sich vom Zeugwart die 15 geben. In dem neuen Trikot kehrte er aufs Feld zurück. Damit hatte Atlético Mineiro trotz dreier Roter Karten nur einen Mann weniger auf dem Feld und suchte nach Wiederanpfiff sein Heil in der Offensive. Und um ein Haar hätte Dario seine Mannschaft unmittelbar darauf wieder in Führung gebracht, doch sein Schuss landete an der Latte.

Olimpias Verteidigern fiel seine Schummelei auf, und sie machten den Referee darauf aufmerksam. Als auch der Chilene den Betrug erkannte, zeigte er Dario neun Minuten nach dem ersten Platzverweis ein weiteres Mal die Rote Karte. Doch der Angreifer verließ das Feld nicht allein, sondern wurde begleitet von Humberto Ramos und Romeu, die auf Cantillana losgegangen waren. Und so verlor Atlético Mineiro trotz des Unentschiedens das Spiel, weil nur noch sechs Spieler auf dem Feld waren, einer weniger als erforderlich. Wobei die Mannschaft eigentlich sogar sechs Rote Karten kassiert hatte, schließlich war Dario gleich zweimal vom Platz geflogen.

Vater und Sohn

Vater Umberto Carlomagno, 47, und Sohn Biagino Carlomagno, 18, waren nicht nur leidenschaftliche Fußballer, sondern auch Konkurrenten um den Platz im Tor von Lagonegro, einem unterklassigen italienischen Verein.

Einen ihrer schlimmsten Sonntagnachmittage erlebten sie bei dem Spiel gegen Altamura, als sie zusammen acht Tore kassierten. Das Besondere an der Geschichte ist, dass Umberto und Biagino jeweils eine Halbzeit spielten, wobei der Sohn mit lediglich zwei Gegentreffern das familieninterne Duell für sich entschied. Vater Umberto hatte eigentlich bereits neun Jahre zuvor die Torwarthandschuhe an den Nagel gehängt und war nur eingesprungen, weil der Verein mit Verletzungen und Abgängen zu kämpfen hatte. Die am 8. April 1998 von der italienischen Nachrichtenagentur *ANSA* verbreitete Geschichte zeigt einmal mehr die seltsamen Blüten, die die Beziehung von Eltern, Kindern und Fußball gelegentlich treibt.

Der Sohn spielt, der Vater kassiert

Das Freundschaftsspiel zwischen England und Griechenland war für Torhüter Chris Kirkland von Wigan Athletic alles andere als ein gewöhnliches Spiel. An jenem 16. August 2006 vertrat er Paul Robinson im Tor und feierte bei Englands 4:0-Sieg sein Nationalmannschaftsdebüt.

Aber auch für Chris' Vater Eddie war es kein Spiel wie jedes andere. Nicht nur konnte er sich freuen, dass sein Sohn für die Nationalmannschaft auflief, zusätzlich erhielt er auch noch einen kleinen Bonus. Zwölf Jahre zuvor hatte Eddie beim Wettanbieter William Hill 100 Pfund gesetzt, dass sein seinerzeit 13-jähriger Sohn vor dem 30. Geburtstag Nationalspieler werden würde. Und nun war Eddies Prognose wahr geworden, und er strich bei einer Quote von 100 zu 1 glatte 10.000 Pfund ein.

Der Sohn kassiert ein Tor, der Vater fliegt

Als der CA Colón aus dem argentinischen Santa Fe am 4. März 1998 seine Premiere in der Copa Libertadores feierte, herrschten Anspannung und Vorfreude unter den 40.000 Zuschauern im Stadion Brigadier General Estanislao López, dem sogenannten *Elefantenfriedhof*.

Doch schon in der 25. Minute trübte River Plates erster Treffer die Premierenfreude und ließ die Stimmung kippen. Noch dazu war es ein reichlich skurriles Tor: Nach einem Freistoß des Gästeverteidigers Celso Ayala in der eigenen Hälfte flog der Ball fast 70 Meter und landete im gegnerischen Strafraum in einer Kuhle, änderte völlig unvorhersehbar die Richtung und sprang an den aufnahmebereiten Händen des machtlosen Torwarts Leonardo Díaz vorbei.

Colón verlor mit 1:2, aber der „Fischer"-Klub war nicht der einzige Verlierer des Abends. Tags darauf feuerten die Verantwortlichen des Traditionsvereins aus Santa Fe den Platzwart, dem sie die Schuld an der verpatzten internationalen Premiere gaben. Der Entlassene – ein gewisser Marcelino Díaz – war zu allem Überfluss der Vater von Leonardo, dem Colón-Keeper.

Blaue Flecken

Als am 8. Juli 1984 in der ersten argentinischen Liga der CA Atlanta bei den Boca Juniors gastierte, hatte der Zeugwart von Atlanta nur zwei Trikotsets eingepackt, beide blau mit feinen gelben Streifen. Sein Heimkollege war sprachlos. Er hatte damit gerechnet, dass „Los Bohemios" in ihren traditionellen blauen Trikots mit breiten gelben Längsstreifen auflaufen würden und deshalb zwei Sätze der eigenen Trikots im traditionellen Blau und Gold zurechtgelegt.

In der Not behalfen die *Xeneizes* sich mit weißen Trainingsshirts, die jedoch keine Rückennummern hatten. Also malten sie diese kurzerhand mit blauer Ölfarbe auf, die „noch herumlag". Doch als die Spieler mit zunehmender Spieldauer immer mehr zu schwitzen begannen, verliefen die improvisierten Rückennummern zu unentzifferbaren blauen Flecken, sodass die Gästeverteidiger bei der traditionellen Manndeckung ganz durcheinanderkamen. Zur Halbzeit hatten die Boca-Spieler genug. Sie entledigten sich der Aushilfstrikots und zogen ohne Rücksicht auf die farbliche Verwirrung ihre gewohnten Trikots an.

Vom Schlachtfeld auf den Fußballplatz

Nach der Niederlage der Republikaner im Spanischen Bürgerkrieg ging der Baske Isidro Lángara – der bei der WM 1934 in Italien für Spanien angetreten war – am Morgen des 21. Mai 1939 im Hafen von Buenos Aires an Land. Selbstverständlich war Lángaras Ankunft am Río de la Plata nicht geheim geblieben, und mehrere Vertreter von San Lorenzo de Almagro erwarteten ihn sehnsüchtig am Kai. Sie wollten den Einwanderer mit der eindrucksvollen Torquote überzeugen, ihnen dabei zu helfen, eine Negativserie von fünf sieglosen Spielen zu beenden. Der Baske akzeptierte das Angebot der Männer aus dem Stadtteil Boedo und wurde noch an diesem Nachmittag in das mittlerweile abgerissene Stadion in der Avenida La Plata – das sogenannte *Gasometer* – gebracht, um in der ersten Liga im blau-roten Trikot gegen River Plate aufzulaufen.

Der erste Eindruck der Heimfans von dem Torjäger war wenig vorteilhaft: Er war füllig und wirkte langsam und schwerfällig. Dessen ungeachtet wurde der unerschrockene Baske schon an dem Nachmittag zum Idol, denn in nicht einmal einer halben Stunde schenkte er den *Millonarios* zwischen der siebten und der 35. Minute vier Tore ein. Lángara trug das Shirt von San Lorenzo bis 1942, schoss in 121 Spielen 110 Tore und wurde nie vom Feld gestellt. Mit seinem Können bereicherte Lángara das Spiel der Blau-Roten und wurde zu einem der Lieblinge der spanischen Gemeinde in Argentinien.

Unzerstörbar

Baron James Kirkpatrick ist die Hauptfigur einer Geschichte, die zwar in mehreren Zeitungsberichten und literarischen Quellen wiedergegeben wird, die aber dennoch eher Züge einer Legende als einer wahren Geschichte trägt.

Am 23. März 1878 trafen die FC Wanderers und die Royal Engineers im Kennington Oval Stadium in London zum Endspiel um den FA Cup 1877/78 aufeinander. Zeitgenössischen Berichten zufolge brach sich Kirkpatrick, der Torwart der Wanderers, in der 19. Minute den Arm. Weil seinerzeit noch keine Auswechslungen erlaubt waren, blieb Kirkpatrick das gesamte Match hindurch im Tor. Und trotz dieses beträchtlichen Nachteils gewann seine Mannschaft mit 3:1!

Laut einigen Berichten von ungewissem Wahrheitsgehalt glänzte Kirkpatrick ungeachtet seiner schweren Verletzung mit mehreren waghalsigen Paraden. Entweder war die Verletzung doch nicht so schlimm oder Kirkpatricks Heldentaten waren das Produkt wohlmeinender Reporter. Das wäre nicht das erste und gewiss nicht das letzte Mal ...

Vier gegen elf

Am 29. November 1908 fand in Kopenhagen eines der ungewöhnlichsten Spiele der Fußballgeschichte statt. In der ersten dänischen Liga empfing Østerbros Boldklub (ØB) den Meister der Vorsaison, Fælledparken Boldklubben von 1893 (B93). Oder vielleicht sollte man besser sagen: ØB empfing einen kleinen Teil von B93. Der Zug, in dem der Großteil der Gästemannschaft saß, hatte ein Problem, und daher standen bei Anpfiff nur vier B93-Spieler auf dem Feld.

Der Schiedsrichter wollte das Spiel verschieben, aber der ØB-Kapitän bestand ungerührt darauf, dass die Gegner den Anstoß ausführten – in der Hoffnung, dass ØB so den ersten Saisonsieg einfahren könnte. Die dezimierten Gäste verteilten sich über den Platz und schafften es dank einer unfassbaren Leistung, den Rückstand nach der ersten Halbzeit auf 0:4 zu begrenzen. In der Pause kamen dann die restlichen B93-Spieler an, und mit elf gegen elf konnte das Team das Spiel drehen und sich noch mit 5:4 durchsetzen.

Dank des heldenhaften, kaum zu fassenden Siegs verteidigte B93 seinen Titel mit einem Punkt Vorsprung vor Kjøbenhavns Boldklub. Derweil beendete Østerbros Boldklub die Saison als Letzter, ohne auch nur einen Sieg oder ein Unentschieden errungen zu haben.

Den Fans sei dank

Am 26. März 1994 trafen in der argentinischen Primera B Chacarita und Almagro aufeinander. Beide Vereine wurden von der Sportartikelfirma Penalty ausgerüstet, die mit dem Einverständnis beider Vereine einen Pokal für den Gewinner auslobte. Doch die Überraschung war groß, als die Spieler in San Martín den Platz betraten. Beide Teams liefen komplett in Weiß auf. Damit hatte niemand gerechnet!

Nach einigen Minuten schlug ein Fan eine Lösung für das Malheur vor: Die Gastgeber sollten sich ihre traditionellen rot-, schwarz- und weißgestreiften Trikots mitsamt Rückennummern von den Fans ausborgen. In kürzester Zeit regnete es genügend Trikots von der Tribüne hinter das Tor, um damit Dutzende von Mannschaften auszustatten, denn aus Liebe zum eigenen Team pilgerten viele der Chacarita-Fans im Mannschaftstrikot ins Stadion. Im Handumdrehen hatte man die Nummern von der 2 bis zur 16 beisammen und unter den Spielern verteilt, und mit 22-minütiger Verspätung konnte das Spiel beginnen. Am Ende gewann Chacarita mit 3:2 und erhielt den Pokal. Als Kapitän Sergio Lara vom Penalty-Vertreter den Preis entgegennehmen wollte, gab es eine weitere Überraschung: Der Verteidiger trug ein Trikot mit dem ehemaligen Sponsor der „Bestatter" (der „Funebros", wie sie auch genannt werden), Taiyo, auf der Brust.

Pelé und Di Stéfano im Tor

Die nüchterne Statistik verrät, dass der herausragende spanisch-argentinische Torjäger Alfredo Di Stéfano in 521 Spielen für River Plate, Huracán, Millionarios (Kolumbien), Real Madrid und Español Barcelona 377 Tore erzielte. Dazu kamen sechs Treffer in derselben Anzahl von Spielen für Argentinien und 23 in 31 Spielen für Spaniens „Furia Roja".

Was die Zahlen indes nicht verraten: Der „blonde Pfeil" war sich nicht zu schade, sein Talent auch auf einer ganz anderen Position zu zeigen. Am 30. Juli 1949 trafen in einem hitzigen Superclásico die beiden Letzten der ersten argentinischen Liga, River und Boca, aufeinander. Als der legendäre Keeper Amadeo Carrizo einen Schlag in die Leber bekam, wurde er sechs Minuten von Di Stéfano vertreten. Mit bloßen Händen und im kurzärmeligen Trikot hielt „der Deutsche", wie er genannt wurde, seinen Kasten sauber, bis der Torhüter sich erholt hatte und beide auf ihre angestammten Positionen zurückkehrten. Am Ende setzten sich die *Millonarios* knapp mit 1:0 durch. Dass die Wahl auf Di Stéfano fiel, war kein Zufall. Er selbst hatte oftmals betont, dass er am liebsten im Tor stand und im Training immer wieder die Handschuhe überstreifte, statt Angriffszüge zu üben.

Auch ein anderer großer Torjäger, der wundervolle Edson Arantes do Nascimento, den alle unter dem Namen *Pelé* kennen, hatte einen großen Auftritt als Nummer 1. Und dass er selbst so viele Tore geschossen hatte, half ihm womöglich dabei, seinen Kasten sauber zu halten. Am 19. Januar 1964 führte Gremio im Halbfinale der Taça Brasil mit 3:1 gegen Santos, ehe der „König" das Spiel mit drei Treffern drehte. Aber ohne viel Aufhebens um seine Leistung zu machen, wechselte Pelé im Pacaembú von São Paolo ins Tor der *Santista*, als der argentinische Unparteiische Teodoro Nitti Torhüter Gilmar vom Platz stellte. Genauso gekonnt, wie er mit den Füßen mit dem Ball umging, verhinderte die Nummer 10 mit einigen spektakulären Paraden den Ausgleich der „Gauchos" und sicherte Santos den Sieg. Seine bemerkenswerten Fähigkeiten als Torwart vererbte er offensichtlich auch an seinen Sohn „Edinho", der es später als Stammtorhüter auf mehrere Jahre im Tor der Mannschaft brachte.

Der Tag, an dem Brasilien im Boca-Trikot auflief

Zur ersten Ausgabe der Copa América 1916 in Buenos Aires trat Brasilien in einem Trikot mit grünen und gelben Längsstreifen an. Ab 1919 spielten die Brasilianer dann in Weiß, bis die Offiziellen sich nach dem Scheitern bei der WM 1950 für einen erneuten Wechsel des Nationaltrikots entschieden.

Bevor es so weit war, lief Brasilien am 3. Januar 1937 im Stadion der Boca Juniors bei der damaligen, erneut in Argentinien stattfindenden Copa América noch ganz in Weiß auf. Zur allgemeinen Überraschung trat auch der Gegner Chile in weißen Trikots an, da das unverkennbare Rot erst einige Jahre später zur offiziellen Trikotfarbe der Mannschaft wurde.

Um die Teams unterscheiden zu können, stellte ein Funktionär des Heimvereins einen Satz Boca-Trikots zur Verfügung, und für dieses eine Spiel traten die brasilianischen Spieler als *Xeneize* verkleidet an. Und das nicht zum Schaden der Mannschaft: Sie gewann mit 6:4.

Das Brötchen

Am 19. Oktober 1983 verschlief der Stürmer Walter Perazzo von San Lorenzo das nachmittägliche Mannschaftsessen und konnte entkräftet am Abend kaum den Ball erkennen.

Nach dem Ende der ersten Halbzeit fand sich in der Gästekabine noch nicht einmal ein Schokoriegel, um Perazzos knurrenden Magen zu besänftigen. In der zweiten Halbzeit beim Stand von 1:1 war der Blutdruck des Angreifers im Keller, da spürte er einen Schlag im Rücken, gefolgt von dem Ruf: „Wenn du schon keinen Torhunger hast!" Er fuhr herum und entdeckte ein verführerisches Brötchen auf dem Rasen, das ein sarkastischer Fan nach ihm geworfen hatte. Perazzo überlegte nicht lange, sondern brach es entzwei und schlang es hinunter. Mit vollem Magen und glücklich erzielte Perazzo mit einem Traumtor den zweiten Treffer für die „Heiligen" und steuerte außerdem noch zwei Vorlagen zum 4:1-Sieg der Mannschaft aus Buenos Aires bei.

Die Warnung

In eineinhalb Jahrhunderten Fußballgeschichte sind immer wieder Spieler, Trainer und sogar Schiedsrichter während des Spiels gestorben, manche durch einen Tritt oder Schlag, andere an einer Herzattacke. Besonders betroffen machte der Tod des Kameruners Marc-Vivien Foé, der beim FIFA Confederations Cup 2003 während des Spiels gegen Kolumbien verstarb. In der 72. Minute sackte Foé abseits des Spielgeschehens auf dem Rasen zusammen, nachdem sein Herz aufgrund einer hypertrophen Kardiomyopathie stehen geblieben war. Die Ärzte kämpften 45 Minuten vergebens um sein Leben. Er war direkt vor den Augen der Fernsehkameras gestorben, die das dramatische Geschehen live in alle Welt übertrugen.

Auch der Tod des Verteidigers Goran Tunjic sorgte für einiges Aufsehen. Im Mai 2010 trafen in einer intensiven Begegnung der fünften kroatischen Liga NK Mladost-Ždralovi und Hrvatski Sokol aufeinander. Mitte der zweiten Halbzeit belagerte das Gästeteam den Strafraum von NK Mladost, da ging Tunjic im Kampf um den Ball zu Boden. Als er nicht wieder aufstand, zückte der Schiedsrichter Marko Maruncek die Gelbe Karte, weil er Tunjic verdächtigte, Zeit schinden zu wollen. Doch der 32-jährige Verteidiger blieb trotz der Verwarnung und Marunceks Anschuldigungen reglos am Boden liegen, und erst da winkte der panische Referee die Sanitäter aufs Feld. Diese konnten nur noch den Tod des Spielers feststellen. Maruncek brach die Partie ab und strich selbstverständlich die Gelbe Karte aus seinem Bericht.

Tücher

Der Mittelstürmer Marcos Aurelio wechselte 1944 nach Stationen bei Chacarita Juniors, mit denen er 1941 in die erste Liga aufstieg, und Vélez Sarsfield gemeinsam mit seinen Kollegen Miguel Rugilo und Ángel Fernández im Zuge eines massiven Exodus von Spielern aus Argentinien nach Mexiko zum mexikanischen Klub León. Der Trainer dort übermittelte den Spielern seine Anweisungen mittels eines elaborierten Systems verschiedenfarbiger Tücher.

Wedelte er mit einem blauen Tuch, sollten alle angreifen. Bei einem grünen Tuch dagegen mussten alle elf zurückeilen. Und wenn er ein rotes Tuch herausholte, sollte ein Spieler den Ball halten. Doch bei der praktischen Anwendung in einer Erstligapartie versagte das System komplett.

Der innovative Coach winkte fleißig mit seinen Tüchern, dennoch kassierte seine Mannschaft ein Tor nach dem anderen. Beim Stand von 1:5 ging Aurelio schließlich zur Trainerbank und fragte: „Wie wäre es mit einem weißen Tuch, und wir ergeben uns?"

Zuhause in der Fremde

Am 3. März 2014 kam es in der Copa Libertadores zu einer außergewöhnlichen Premiere: Die ausländischen Gäste brachten mehr Fans mit ins Stadion als die Gastgeber. In der Vorrunde des kontinentalen Wettbewerbs empfing an jenem Nachmittag der knapp 60 Jahre zuvor gegründete Arsenal Fútbol Club – der nach der Jahrtausendwende trotz kleiner Anhängerschaft äußerst erfolgreich war – im Stadion Julio Humberto Grondona die Mannschaft von Atlético Peñarol. Rund 5.000 Zuschauer strömten zu dem Spiel in das kleine Stadion in Sarandí, einem Vorort von Buenos Aires, und mehr als 3.000 davon waren Peñarol-Fans, die damit die wie immer nur spärlich erschienenen Arsenal-Anhänger ausstachen. Zwar waren auch davor schon bei manchen Spielen mehr Gäste- als Heimfans gewesen, aber bis zu jenem Tag war das ausschließlich bei nationalen Duellen vorgekommen.

Heiße Dusche

Die Ehefrauen und Freundinnen der Spieler der Exeter and District Sunday League waren schockiert, als sie vernahmen, dass eine Schiedsrichterin die Dusche mit den Spielern geteilt hatte. Die 41-jährige vierfache Mutter Janet Fewings hatte sich ausgezogen und war ohne viel Federlesens zu den Männern unter die Dusche gegangen.

„Bei kleineren Vereinen gibt es oft keine getrennten Duschen für Männer und Frauen", erklärte die Schiedsrichterin, nachdem es Mitte 1996 zum Skandal gekommen war. Ungeniert erwiderte sie auf die Beschwerden der eifersüchtigen Frauen: „Es gibt nichts, was ich nicht schon gesehen hätte, und ich kann nur sagen, dass es oft nicht der schönste Anblick ist." In ihrer umfangreichen Tätigkeit als Schiedsrichterin von mehr als 100 Spielen hatte Fewings sich in Küchen, Kneipen und sogar in einer Besenkammer umziehen müssen.

Irgendwann hatte sie genug davon und ging in die Umkleidekabine einer Mannschaft, wo sie sich ohne falsche Scham gemeinsam mit den nackten Spielern frisch machte. Im Gespräch mit der Zeitung *The Mirror* sagte ein humorvoller Spieler: „Erst war ich schockiert, als ich eine nackte Frau in der Dusche nebenan entdeckte. Aber dann dachte ich mir, etwas Besseres werde ich diese Saison nicht mehr erleben." Auch Janet betrachtete das Ganze von der lustigen Seite: „Immer noch besser, als sich bei den Besen umzuziehen. Es sei denn, einer der Jungs hat am Abend davor zu viel getrunken."

Der Balljunge trifft

Die Geschichte des Fußballs – und noch mehr das vorliegende Buch – ist voll von merkwürdigen Toren. Eines der außergewöhnlichsten fiel am 3. Dezember 2006 in einem Spiel der Copa de la Federación de São Paulo: Der Torschütze war einer der Balljungen! Im Stadion Leonidas Camarinha führte der FC Sorocaba mit 1:0 bei Santacruzense. Eine Minute vor Abpfiff zog der Heimstürmer Samuel von rechts ab, um doch noch den Ausgleich zu erzwingen. Der Ball landete ganz knapp neben dem Pfosten, direkt vor den Füßen eines Balljungen. Der Junge lief mit dem Ball aufs Feld und schob ihn ins Tor. Sorocabas Torhüter Eduardo holte den Ball aus dem Netz und legte ihn zum Abschlag an die Ecke des Fünfmeterraums. Aber so unglaublich es klingen mag: Schiedsrichterin Silvia Regina de Oliveira ließ sich den Ball geben, beförderte ihn in den Anstoßkreis und machte das unglaubliche Tor mit ihrem Pfiff gültig. Die Partie endete unentschieden, und trotz der Proteste und Videoaufnahmen der Verantwortlichen von Sorocaba erklärte die Federação Paulista de Futebol, dass sie den irregulären Treffer laut den Regeln nicht annullieren könne, nachdem die Schiedsrichterin ihn anerkannt habe. Noch mehr Öl ins Feuer goss Samuel, der gegenüber der Presse zugab, dass der Treffer nicht hätte zählen dürfen, aber: „Wenn der Schiedsrichter sagt, Tor, dann war es ein Tor." Ein wahres Musterbeispiel der Unfairness!

Nicht einmal zu zwölft!

Am 10. September 2006 spielte Morón in der argentinischen B Metropolitan Division zu Hause gegen Brown de Adrogué. Nach gerade einmal 16 Minuten verletzte sich Marcelo Vega, und der Arzt gab dem Morón-Trainer Salvatore Daniele das Zeichen zum Wechsel. Da ein gegnerischer Eckball anstand, schickte Daniele hastig den Ersatzmann Diego Perotti aufs Feld, um in der Situation nicht mit einem Mann weniger verteidigen zu müssen. Allerdings befand Vega sich noch auf dem Platz und rannte ebenfalls zum Strafraum, um auszuhelfen.

Weder Schiedsrichter Christian Faraoni noch seinem Assistenten Jose Mendoza fiel das auf, und sie gaben den Ball frei, obwohl Morón zu zwölft auf dem Feld war. Adrián Zen Bonacorsi schoss die Ecke mit so viel Effet, dass der Ball hinter dem unglücklich aussehenden Keeper Maximiliano Gagliardo am hinteren Pfosten einschlug. Während die Gäste feierten, bemerkte der Referee seinen schlimmen Fehler und schickte Vega vom Platz. Wieder zu elft, gelang Morón in der 68. Minute durch einen Traumschuss von Ceferino Denis der Ausgleich. Ab der 77. Minute war Morón erneut mit einem Mann mehr auf dem Platz, nachdem Gonzalo González die Rote Karte gesehen hatte. Aber erneut konnten sie den Vorteil nicht ausnutzen, und so endete das Match 1:1.

Die Orgie

In der Qualifikation zur EM 2000 in den Niederlanden und Belgien erreichte Israel den achtbaren zweiten Gruppenplatz. Das Land, das geografisch zu Asien gehört, spielt aufgrund der politischen Situation in der Region in Europa mit. In seiner Gruppe landete es hinter Spanien, aber vor Österreich, Zypern und San Marino, und wollte sich in den Play-offs gegen Dänemark erstmals für die EM qualifizieren. Das Hinspiel sollte am 13. November 1999 im Tel Aviver Stadion Ramat Gan stattfinden, und so hatte die Mannschaft in der Stadt ihr Quartier bezogen.

Doch die Nacht vor der Partie verbrachten vier Stammspieler zur „Vorbereitung" bis Sonnenaufgang mit Prostituierten. Die Zeitungen berichteten von gebrauchten Kondomen in einem der Zimmer, und die Affäre hatte fatale Folgen: Die Dänen überrannten Israel mit 5:0 und sicherten sich durch ein 3:0 im Rückspiel in Kopenhagen endgültig die Qualifikation. Der Verband sperrte die vier Übeltäter und feuerte Trainer Schlomo Scherf. Eine weitere Strafe wurde nicht bekannt gegeben. Doch einige Wochen darauf veröffentlichten die beteiligten Spieler einen Entschuldigungsbrief in einer Zeitung und versprachen, dergleichen werde sich nie wiederholen. Außerdem spendeten sie 19.000 US-Dollar an ein Kinderhilfswerk. Eine ausgesprochen kostspielige Orgie – für die sie auch noch doppelt bezahlt hatten.

Vergiftetes Glück

Der Brasilianer Thiago Neves Augusto von Fluminense hält einen bittersüßen Rckord: Als einzigem Spieler gelangen ihm im Finale der Copa Libertadores in einem Spiel drei Tore. Doch trotz seiner Zielgenauigkeit gewann sein Team in den dreifarbigen Trikots nicht den Pokal.

Der einzigartige Fall ereignete sich 2008, als das Team aus Rio de Janeiro auf Liga Deportiva Universitaria de Quito traf. Im Hinspiel, das der ecuadorianische Klub 4:2 gewann, erzielte Thiago Neves einen der beiden Treffer der Cariocas. Im Rückspiel im Maracanã-Stadion gelang dem Spieler sein berühmter Hattrick, durch den „Flu" mit 3:1 gewann. Im Elfmeterschießen hielt der Gästekeeper Jose Cevallos drei Versuche – darunter den des bedauernswerten Thiago –, und Liga gewann als erste ecuadorianische Mannschaft die Copa Libertadores.

Stürmer und Ersatztorwart

Schon als Kind war der Ire Niall Quinn bekannt für sein Talent mit den Füßen – und den Händen. In seiner Dubliner Kindheit tat er sich in Gaelic Football hervor, einer Mischung aus Rugby und Fußball, die wie Fußball mit einem runden, allerdings schwereren Ball gespielt wird. Die Tore haben die Form eines „H", und es gibt einen Punkt, wenn der Ball unterhalb der Querlatte zwischen den Pfosten hindurchgeht, und drei Punkte, wenn der Ball die Querlatte oben passiert. Als Jugendlicher entschied Quinn sich für Fußball und schloss sich dem Dubliner Verein Manortown United an.

Allerdings befand er sich in einem Riesendilemma: Wollte er lieber Stürmer oder Torhüter sein? Auf beiden Positionen war er gleich gut. Sein Trainer riet ihm zum Mittelstürmer, und das erwies sich als gute Wahl, denn schon nach ein paar Monaten konnte er dank seiner Torgefährlichkeit jenseits der Irischen See beim renommierten FC Arsenal in London anheuern. In der ersten englischen Liga traf Quinn insgesamt 141-mal in 475 Partien für die Gunners, Manchester City und Sunderland. Außerdem erzielte er in 92 Länderspielen 21 Treffer für Irland. Aber so viele Tore er auch schoss, er liebte es weiterhin, sich zwischen die Pfosten zu stellen. Im Training streifte Quinn zur Abwechslung immer wieder die Handschuhe über.

Seine torhüterischen Qualitäten erlaubten es dem irischen Trainer Jack Charlton 1990 sogar, nur zwei Torhüter für die WM in Italien zu nominieren (Pat Bonner und Gerald Peyton) – ein großer Vorteil, da seinerzeit das Aufgebot nur aus 22 Spielern bestand, nicht aus 23, wie seit der WM in Korea und Japan 2002. Charlton (der 1966 als Spieler mit England

Weltmeister geworden war) musste Quinn nicht als Torhüter einsetzen, aber als Stürmer erzielte der Ire im Stadion Renzo Barbera von Palermo einen Treffer gegen die Niederlande.

Dagegen musste der Trainer von Manchester City, Peter Reid, tatsächlich auf Quinns Torwartqualitäten zurückgreifen. Am 20. April 1991 entschied er sich beim Spiel gegen Derby County für ein ähnliches Aufgebot wie die Nationalmannschaft von der grünen Insel im Jahr zuvor, allerdings in einer noch etwas riskanteren Variante. Der Ire Quinn stand in der Startelf, und auf der Auswechselbank saßen lediglich fünf Feldspieler (seinerzeit die maximal erlaubte Anzahl an Ersatzspielern im Aufgebot). Die Himmelblauen gingen in ihrem Stadion an der Maine Road 1:0 in Führung, als Quinn mit links aus der Distanz abzog und direkt neben Martin Taylors linken Pfosten traf. Kurz darauf wurde der Gästestürmer Dean Saunders von City-Keeper Tony Coton zu Fall gebracht: Strafstoß und Rote Karte für die Nummer 1 (gerechterweise soll hier erwähnt werden, dass Coton im Dezember 1980 bei seinem Erstligadebüt für Birmingham City mit seiner ersten Ballberührung einen Elfmeter von Sunderlands John Hawley meisterhaft abwehrte).

Da auf der Ersatzbank kein Torwart saß, übernahm der City-Torschütze die Handschuhe und das grüne Trikot seines Mitspielers und stellte sich Saunders, der nach dem Motto „Wie du mir, so ich dir" selbst antrat. Der Angreifer der „Rams" zielte in die rechte Ecke, doch mit einer Glanzparade fischte der Ire den Ball mit links heraus. Manchester City gewann an jenem Nachmittag nicht zuletzt dank Quinns fantastischer Leistung mit 2:1, indes Derby durch die Niederlage abstieg.

Ungewöhnlicher Ersatz

Im September 2005 war die Lage von Sunnana SK vor dem Heimspiel der vierten schwedischen Liga gegen Burea IK alles andere als rosig. Der Stammtorwart war verletzt und der Ersatzmann aus beruflichen Gründen verhindert. Da kam dem verzweifelten Klubpräsident Sören Gustafsson die Torhüterin der Frauenmannschaft von Sunnana, Asa Berglund, in den Sinn. Gustafsson nahm das nationale Regelwerk genauestens unter die Lupe und fand keine Bestimmung, nach der Frauen nicht in Herrenmannschaften spielen durften. Verboten war lediglich, dass ein Mann für ein Frauenteam spielte. Am Spieltag war der Sportplatz von Sunnana überlaufen. Statt der üblichen 200 Zuschauer wollten 400 sehen, wie Asa sich bei den Männern schlug. Burea gewann mit 2:1, und bei beiden Gegentreffern war die Torhüterin den Zeitungsberichten zufolge machtlos. Was aus den Berichten nicht hervorgeht, ist, ob die Torhüterin sich eine Kabine mit ihren Teamkameraden teilte.

Ein ähnlicher Fall, allerdings ohne die Geschlechterkomponente, ereignete sich am 2. November 2002 in Rumänien. Der Führende der ersten Liga, Rapid Bukarest, fand sich vor dem Spiel gegen Arges Pitesti plötzlich wegen Verletzungen ohne Torhüter wieder. Daraufhin entschied der Trainer, Rapids 33-jährigen Vizepräsidenten Razvan Lucescu aufzustellen, der einige Jahre zuvor seine erfolgreiche Laufbahn beendet hatte. Der Funktionär hatte nichts verlernt und sicherte seiner Mannschaft einen 1:0-Sieg.

Herzlos

Als der brasilianische Schiedsrichter Jenhins Barbosa dos Santos am 22. August 2002 das Spielfeld für eine Partie der U-15-Liga des Staates São Paulo betrat, hatte er eigentlich alles dabei: seine Pfeife, die Gelbe und die Rote Karte, seine Uhr ... Doch leider nicht einen Funken Toleranz oder gesunden Menschenverstand.

Barbosa dos Santos ließ einen Verteidiger von Botafogo einen Einwurf mehrfach wiederholen, und als der Jugendliche den Ball dennoch nicht entsprechend den FIFA-Regularien ins Spiel brachte, zeigte der Referee ihm die Gelbe Karte. Nur konnte der fragliche Junge, der 15-jährige Waine Raphael Araújo, einen Einwurf kaum regelgerecht „mit beiden Händen" ausführen, da er ohne Hände zur Welt gekommen war. Doch der herzlose Mann in Schwarz setzte noch einen drauf und schickte den Trainer von Botafogo, Zito, aus dem Stadion, als der sich über das intolerante und schändliche Verhalten beschwerte.

Von der Tribüne musste Araújos wütende Familie das traurige Geschehnis machtlos mitansehen. Aber unmittelbar nach dem Match reichten sie Klage wegen Diskriminierung ihres Jungen ein, zudem beschwerte der Verein sich beim Fußballverband von São Paulo.

Brüder

Die argentinische Nationalmannschaft hält einen Rekord, der nicht so schnell gebrochen werden dürfte: Am 9. Juli 1908 standen vier Brüder in der Startelf des Landes. Jorge, Eliseo, Ernesto und Alfredo Brown gewannen in Rio de Janeiro mit Argentinien das Freundschaftsspiel gegen eine lokale Stadtauswahl. Die Söhne schottischer Einwanderer und legendären Helden des argentinischen Fußballs hatten noch einen fünften Bruder, Carlos, der ebenfalls im blau-weißen Trikot auflief, allerdings höchstens zusammen mit zwei seiner Brüder. Auch wenn die fünf Browns nie gemeinsam für die Nationalmannschaft spielten, standen sie mehrfach im rot-weißen Trikot von Alumni zusammen auf dem Feld.

Wie gesagt, dürfte der Rekord kaum in absehbarer Zeit gebrochen werden, allerdings wurde er am 5. Juni 2012 eingestellt. An jenem Tag trat die Nationalmannschaft von Tahiti in der Ozeanien-Qualifikation für die WM 2014 in Brasilien im Stadion Lawson Tama in Honiara (Salomonen) gegen Vanuatu an, und zwar mit Lorenzo, Alvin, Jonathan und Teaonui Tehau in der Startelf. Zu einer Neuauflage kam es drei Tage später in der Partie gegen die Salomonen, allerdings nur für einige Minuten, da Teaonui erst in der 75. Minute für Steevy Chong Hue eingewechselt wurde. Dasselbe wiederholte sich am 12. September gegen Neukaledonien, als Teaonui für Stanley Atani eingewechselt wurde.

Doch den größten Erfolg konnte die Familie am 1. Juni 2012 im Spiel von Tahiti gegen Samoa feiern. Bei dem 10:1-Sieg trafen alle vier Brüder: Lorenzo viermal, Alvin zweimal und Jonathan ebenfalls zweimal. Das neunte Tor erzielte Teaonui, und Steevy Chong Hue kam die Ehre zu, als einziges Nichtfamilienmitglied zu treffen. Obwohl die Brüder auch in den weiteren Spielen trafen, landete Tahiti in der entscheidenden Runde der Ozeanien-Qualifikation deutlich hinter Neuseeland, das in den Play-offs gegen den Vierten der CONCACAF-Qualifikation, Mexiko, antreten durfte.

Das fliegende Motorrad

Anfang Mai 2001 schlug Inter Mailand in der Serie A zu Hause Atalanta Bergamo durch Treffer des Italieners Christian Vieri und des Uruguayers Alvaro Recoba 3:0. Trotz des überzeugenden Sieges zettelten die heimischen Ultras Randale an und begannen, alles Mögliche von den Tribünen des Stadions San Siro in Richtung Spielfeld zu werfen.

Und der Ausdruck „alles Mögliche" ist nicht übertrieben, denn unter den Wurfobjekten war auch ein Moped. Laut Polizei wurde die Maschine über eine Rampe auf den Oberrang gebracht und von dort auf die untere Tribüne geworfen. Allerdings erklärten die Behörden nicht, wie das Moped überhaupt nach oben ins Stadion gelangen konnte.

Luftlos

Am zweiten Spieltag der Staatsmeisterschaft von São Paulo im März 2000 hatte Portuguesa gegen Matonese alles unter Kontrolle. Schon in der sechsten Minute gingen die Gastgeber mit 1:0 in Führung, als Evandro einen Pass von Marco Goiano zu Betinho weiterleitete. Der Angreifer feuerte einen Gewaltschuss ab, und der Ball landete im Netz. Die Portuguesa-Elf und ihre Fans jubelten, doch der für die Matonese-Spielfeldhälfte zuständige Schiedsrichter Vladimir Vassoler – in dem Wettbewerb testete man die Leitung durch zwei Schiedsrichter – gab den Treffer nicht, sondern entschied auf Schiedsrichterball und ließ sich den von Betinho geschossenen Ball geben.

Die Zuschauer waren perplex, als Vassoler das Spielgerät vorzeigte und es drückte, um den Grund für seine Entscheidung zu verdeutlichen: Der Ball war beim Schuss geplatzt und hatte auf dem Weg ins Tor die Luft verloren. Obwohl Vassoler in allen Ecken des Spielfelds den Zuschauern das Malheur demonstrierte, beleidigten die ihn heftig. Allerdings weckten sie dadurch die Spieler von Matonese auf, und die Partie endete schließlich unentschieden, 2:2. Und Betinho? Der war schon lange unter der Dusche verschwunden, nachdem er wegen Protestierens die Rote Karte gesehen hatte.

Gnade vor Recht

In der entscheidenden Qualifikationsrunde zur WM 1966 in England bildeten Mexiko und Costa Rica eine Dreiergruppe mit Jamaika. Das Miniturnier begann am 25. April 1965 mit einem torlosen Unentschieden zwischen Mexiko und Costa Rica. Der Partie ging eine bemerkenswerte Freundschaftsgeste voraus: Die costa-ricanischen Fans stimmten vor dem Anpfiff in die mexikanische Nationalhymne ein, wie der Präsident des Gästeverbands, Guillermo Cañedo, der Presse gegenüber erklärte. Aber die freundschaftliche Atmosphäre wich schon bald der üblichen Aufgeregtheit eines wichtigen Spiels, und es kam zu Tritten und Schlägen. Die körperlichen Auseinandersetzungen zwangen den kanadischen Schiedsrichter Raymond Morgan in der zweiten Halbzeit, Isidoro Díaz von den Gästen und Juan José Gámez von der Heimmannschaft, die aufeinander losgegangen waren, vom Feld zu schicken.

Am 16. Mai fand das Rückspiel im Stadion der Ciudad Universitaria in Mexiko statt. Beide Mannschaften hatten gegen Jamaika jeweils zweimal teils hoch gewonnen, sodass sich in diesem Spiel der gerade gegründeten CONCACAF (Confederation of North, Central American and Caribbean Association Football) entscheiden musste, wer nach England fahren würde. In der 16. Minute traf Ernesto Cisneros per Kopf über den herausgestürmten Keeper Emilio Sagot zum 1:0 für Mexiko. Der Treffer ließ das böse Blut der ersten Partie wieder aufkochen. Eine Minute nach dem Führungstreffer führte ein Zweikampf zwischen Ernesto Cisneros und dem Costa-Ricaner Alvaro MacDonald zu einem Handgemenge aller Spieler.

Nach einer 18-minütigen Schlägerei stellte Schiedsrichter Morgan – der kurioserweise von dem Mexikaner Fernando Buergo und dem Costa-Ricaner Alfonso Benavides assistiert wurde – die beiden erbittertsten Streithähne Antonio Munguía und Carlos Quirós vom Feld. Doch der englische FIFA-Beobachter Jimmy McGuire überstimmte den Referee und begnadigte Munguía und Quirós.

„Es war klar, dass das Spiel nicht abgebrochen werden durfte", erklärte McGuire hinterher der Presse, „die Show musste weitergehen, denn die Zuschauer hatten für ein Fußballspiel bezahlt. Ich bin überzeugt, dass ich das Richtige getan habe, was auch immer die Regeln sagen. So sehe ich das zumindest. Ich rief die beiden Kapitäne zu mir und wies sie an, die Partie sauber und anständig fortzusetzen. Das war das Beste, damit alle unbeschadet aus der Sache herauskamen. Bei all den Tritten und Schlägen ließen sich die wahren Schuldigen gar nicht ausmachen. Im Grunde haben alle mitgemacht und hätten die Rote Karte verdient gehabt. Wäre die Partie zu zehnt weitergegangen, hätten die Spieler jede Zurückhaltung aufgegeben und es wäre nur zu noch mehr Gewalt gekommen."

Also setzten beide Mannschaften die Partie nach der Unterbrechung zu elft fort. Am Ergebnis änderte sich nichts mehr, sodass Mexiko nach einem Spiel mit zwei Platzverweisen, die es offiziell nie gegeben hat, zur WM fuhr.

So nicht!

Der venezolanische Torwart Rafel Dudamel war bekannt für seine hervorragenden Reflexe, seine Geschmeidigkeit und sein fußballerisches Können. Der Keeper erregte nicht nur zwischen den Pfosten Aufsehen, er schoss in 20 Profijahren auch 22 Tore, die meisten vom Elfmeterpunkt.

Einer der berühmtesten Treffer gelang ihm am 10. September 1996 in der WM-Qualifikation gegen Argentinien mit einem fantastischen Freistoß. Doch Dudamels Verhalten am 29. April 2004 in einer Wildcard-Partie der Copa Libertadores zwischen Barcelona Sporting Club aus Ecuador und UA Maracaibo aus Venezuela war schlicht beschämend.

In der 84. Minute lag das ecuadorianische Team haushoch mit 5:1 in Führung, als der bolivianische Schiedsrichter René Ortubé auf Strafstoß für Maracaibo erkannte. Der Torhüter lief zum gegnerischen Strafraum, aber dort standen schon der Argentinier Mariano Martínez und der Venezolaner Giancarlo Maldonado bereit, die ebenfalls den Elfmeter ausführen wollten. Der uruguayische Trainer Jorge Siviero hatte Maldonado zum Schützen bestimmt, was die Nummer 1 nicht davon abhielt, seine Mannschaftskameraden einfach beiseitezuschieben und anzulaufen. Doch sein Gegenüber Geovanny Camacho parierte den Schuss. Dudamels Kollegen machten ihm heftige Vorwürfe, weniger wegen seines Fehlschusses als wegen seines Egoismus.

Daraufhin verließ der beleidigte Keeper das Spielfeld. Nein, er wurde nicht ausgewechselt, sondern verschwand einfach in der Kabine. Für das unsportliche Verhalten erhielt er vom Schiedsrichter die Rote Karte. Also musste Siviero auch noch einen Feldspieler vom Platz nehmen, um Ersatztorwart Tulio Hernandez einzuwechseln. Indes Barcelona die Partie mit 6:1 für sich entschied, setzten sich in der Kabine der Venezolaner die Auseinandersetzungen fort. Dudamel und Maldonado prügelten sich, worauf der Torhüter den Verein verließ und verkündete: „Es ist das Beste, dass ich das Team verlasse, um über alles nachzudenken." Schon wenige Tage darauf nahm er in Kolumbien bei seiner neuen Mannschaft Corporación Club Deportivo Tuluá das Training auf.

In beide Tore

Schon viele Spieler beendeten eine Partie mit gemischten Gefühlen, nachdem sie zweimal getroffen hatten: einmal für ihr Team, einmal gegen es. Aber nur zwei mussten das bei einer WM durchmachen: der Niederländer Ernstus „Ernie" Brandts und der Kroate Mario Mandžukić. Am 21. Juni 1978 hätte der letzte Spieltag der Zwischenrundengruppe A im Stadion von River Plate nicht schlimmer beginnen können für den Verteidiger der „Oranjes", die an jenem Nachmittag ganz in Weiß aufliefen.

In der 18. Minute wollte Brandts einen Angriff von Marco Tardelli stoppen, doch bei seinem Klärungsversuch schlug er den Ball nicht nur ins eigene Netz, er verletzte auch noch seinen Torhüter Piet Schrijvers. In der fünften Minute der zweiten Halbzeit dann schaltete Brandts sich in die Offensive ein, um seine Ehre wiederherzustellen. Er stürmte nach vorne und nagelte einen abgewehrten Ball von jenseits der Strafraumgrenze in die rechte Ecke des Tors von Dino Zoff. Mit einem weiteren Traumschuss aus 30 Metern links ins Tor sicherte anschließend Arie Haan den Niederlanden den Platz im Finale gegen Argentinien.

Am 5. Juli 2018 erzielte der Kroate Mandžukić im Moskauer Olympiastadion Luschniki im WM-Finale gegen Frankreich das erste Tor mit einem missglückten Kopfball (der im eigenen Tor landete). Ein wenig Wiedergutmachung konnte der Stürmer in der zweiten Halbzeit leisten, als er einen Fehler des französischen Torwarts Hugo Lloris ausnutzte. Zu Mandžukić' Leidwesen reichte das aber nicht aus, um den 4:2-Sieg der *Bleus* zu verhindern.

Am Samstag, dem 25. September 1976, traf Sheffield United in der zweiten englischen Liga zu Hause auf die Blackburn Rovers, während zeitgleich Plymouth Argyle gegen die Bolton Wanderers spielte. Beide Partien endeten 1:1. Und in beiden Begegnungen schoss jeweils ein Spieler beide Tore, beide Male ein Heimakteur: Colin Franks und Paul Mariner.

Dieselbe Parallelität, allerdings mit unterschiedlichem Ausgang, gab es am 14. Spieltag der argentinischen Clausura-Meisterschaft 1997 in den Begegnungen Gimnasia y Esgrima La Plata gegen Atlético Gimnasia y Esgrima de Jujuy (3:2) und Ca Banfield gegen CA Platense (2:2). Auch hier trafen mit Guillermo Sanguinetti und Néstor Craviotto zwei Heimspieler je zweimal, und es gab noch einen anderen lustigen Zufall: Beide spielten auf der Position des rechten Verteidigers, und beide trugen die Nummer 4.

Zurück nach England: Am 5. Oktober 1974 kam es im Londoner Stadion an der White Hart Lane zu einem kuriosen Vorfall. In gerade einmal 20 Minuten überwand der Kapitän der Tottenham Hotspurs, Mike England, zweimal seinen eigenen Torwart Pat Jennings zugunsten der Gegner vom FC Burnley. Beim ersten Mal schob er eine Flanke von Ian Brennan ins Tor, beim zweiten Mal fälschte er einen Schuss von Paul Fletcher entscheidend ab. Das Heimteam konnte durch John Pratt verkürzen, ehe acht Minuten vor dem Ende der beschämte Mike England nach vorne ging und einen Eckball von Jimmy Neighbour per Kopf zum Ausgleich verwandelte.

Aber was für Tottenham als unglücklicher Nachmittag begonnen hatte, endete als veritabler Alptraum. Mit der letzten Aktion schoss der Gästestürmer Leighton James auf Jennings' Kasten. Der Ball wurde diesmal von John Pratt entscheidend abgefälscht und landete zum Sieg für Burnley im Netz. Das unglückliche Tottenham verlor auf diese Weise eine Partie, in der es fünfmal getroffen hatte.

Aber der Siegerpokal in dieser Kategorie geht an den Nordiren Chris Nicholls von Aston Villa, der am 20. März 1976 in der ersten Liga gegen Leicester City viermal traf – in einem Spiel, das 2:2 endete!

Rauchpause

Am 22. Mai 1974 gastierte die argentinische Nationalmannschaft im traditionsreichen Wembley-Stadion gegen England, um sich auf die knapp einen Monat darauf in Deutschland beginnende WM vorzubereiten. In dem Spiel kam es zu einer skurrilen Posse rund um den Stürmer René Houseman, Spitzname *El Loco* (der Verrückte).

Kurz nach der Pause wollte Trainer Vladislao Cap wechseln und rief Houseman zu, sich warmzumachen. Nach einiger Zeit bemerkte der Coach, dass sich auf der Bank nichts regte. Verblüfft entdeckte er, dass Houseman sich weder warmmachte noch bei den anderen Einwechselspielern saß. Am Rand einer Herzattacke erkundigte Cap sich bei seinen Assistenten José Varacka und Víctor Rodríguez und den anderen Spielern, aber keiner wusste etwas.

Nach einigen Minuten tauchte El Loco endlich auf. Er hatte in aller Ruhe in der Kabine eine Zigarette geraucht! Houseman kam für Miguel Brindisi in die Partie, die durch einen Elfmeter von Mario Kempes 2:2 endete.

Ungewöhnliches Doppel

Ein Malheur wie jenes am 24. Februar 1996 beim Olympia-Qualifikationsturnier in Mar del Plata dürfte einmalig bei einem offiziellen Match sein. In der 72. Minute entschied der paraguayische Schiedsrichter Epifanio Gonzalez bei einer 3:2-Führung für Venezuela auf Elfmeter für Ecuador und ließ die Elf auf den Ausgleich hoffen. Der Verteidiger Segundo Matamba legte sich den Ball zurecht, nahm Anlauf und überwand mit links den venezolanischen Torhüter Rafael Dudamel. Doch der Referee zeigte nicht etwa zum Anstoßkreis, sondern ließ den Strafstoß wiederholen, weil zusammen mit dem Ball Matambas Schuh ins Netz geflogen war – ein „doppeltes Tor", wie man das auf dem Bolzplatz scherzhaft nennt. Matamba trat noch einmal an, und ob man es glaubt oder nicht, erneut löste sich sein Schuh, nur dass er diesmal eine etwas andere Flugbahn nahm. Der Ball prallte von der Latte ab und wurde von der Verteidigung weggeschlagen. Der Schuh wiederum landete am linken Pfosten des venezolanischen Tors. Diesmal erklärte der Schiedsrichter die Ausführung für regulär – entsprechend den Regeln, da weder der Torhüter noch einer der venezolanischen Spieler Schuld an dem Missgeschick hatte. Das Spiel ging weiter, und das sollte nicht das letzte Doppel der Partie bleiben: Nach weiteren zwei Treffern endete das Spiel mit einem eindrucksvollen 5:2-Sieg der Venezolaner.

Achtung, Schuh, Torwart!

Der englische Journalist Jonathan Rice hat in seinem Buch *Curiosities of Football* eine amüsante Anekdote aus den 1920er-Jahren festgehalten.

Robert Kelly, Stürmer des FC Burnley, besaß einen strammen Schuss, der ihn zum etatmäßigen Elfmeterschützen seiner Mannschaft machte. Einmal nahm er einen langen Anlauf und trat mit aller Wucht gegen den Ball, doch zusammen mit der Lederkugel flog auch sein Schuh aufs Tor. Der gegnerische Torwart hechtete und fing – nein, nicht den Ball, sondern den Schuh. Derweil landete der Ball im Netz, weil der Torwart sich zwischen den beiden Lederobjekten hatte entscheiden müssen.

Im Gegensatz zum Schiedsrichter der vorangegangenen Geschichte aus Mar del Plata erkannte in diesem Fall der Referee den Treffer zu Unrecht an.

Rot für die Fans

Es heißt, dass es keine schlimmeren *Barra Bravas* – oder Hooligans – gibt, als die Eltern von Nachwuchsspielern. Sie wollen um jeden Preis, dass ihre Kinder gewinnen, und vergessen darüber, dass es ein Spiel ist. Stattdessen führen sie dem Nachwuchs die ganze Bandbreite an Beleidigungen vor und garnieren das nicht selten auch noch mit Box- oder Ringeinlagen.

Im November 1995 musste Schiedsrichter Dave Warwick in einem Spiel der Tamworth Junior League im mittelenglischen Staffordshire zu einer extremen Maßnahme greifen, um die elfjährigen Jungs von den Gillway Boys und Bedworth United zu schützen.

Rund 20 Väter und Mütter beharkten sich ununterbrochen und beschimpften die Spieler aufs Übelste, bis es dem Schiedsrichter schließlich reichte. Er unterbrach das Spiel, zückte die Rote Karte und zeigte sie beiden Fanlagern, verbunden mit der Drohung, das Spiel abzubrechen, wenn die Eltern nicht den Platz verlassen würden. Also zogen sie sich auf den Parkplatz zurück, und die von den Schimpftiraden erlösten Jungs beendeten das Spiel in Frieden und Harmonie.

Verdiente Rache

Am ersten Spieltag der Gruppe 7 der Copa Libertadores am 15. Februar 2000 machte den Spielern des bolivianischen Klubs The Strongest nicht nur die 0:4-Niederlage gegen Sociedade Esportiva Palmeiras im Stadion Parque Antarctica von São Paulo zu schaffen. Richtig sauer wurden die Andenspieler erst, als sie mitbekamen, dass der brasilianische Torwart Marcos Roberto Silveira Reis, an den Pfosten gestützt, Kaffee schlürfte, während ihr Tor unter ständigem Beschuss war. Den Bolivianern war klar, dass sie es sich selbst zuzuschreiben hatten, dass sie an dem Abend nicht in die Nähe des Palmeiras-Strafraums gekommen waren. Dennoch fanden sie Marcos' Verhalten einfach respektlos. Als die Bolivianer aus Brasilien abreisten, sannen sie auf Wiedergutmachung in der Höhenluft von La Paz, getreu der alten Redensart von der süßen Rache. Am 6. April empfing The Strongest schließlich bei sich zu Hause im Hernando Siles Coliseum in der bolivianischen Hauptstadt die Gegner von Palmeiras.

In mehr als 3.600 Metern Höhe konnten sich die Gestreiften an dem anmaßenden Marcos rächen und ihn viermal überwinden. Jeden der vier Treffer durch Antonio Vidal González, Sandro Coelho, Daniel Delfino und Josué „Indio" Ferreira Filho feierten sie auf dieselbe ausgelassene Weise: Alle Spieler des Teams ließen sich im Strafraum des Torhüters aus São Paulo nieder und taten, als würden sie Kaffee trinken. Doch der 4:2-Sieg reichte den Bolivianern nicht, um sich für die nächste Runde des Wettbewerbs zu qualifizieren. Immerhin waren sie den bitteren Nachgeschmack von dem Auswärtsspiel in Brasilien losgeworden.

Ich bleibe!

Oldham Athletic wurde nie englischer Meister, allerdings verpasste der Verein in der Saison 1914/15 den Titel nur hauchdünn mit einem Punkt Rückstand auf den FC Everton. Schuld daran war ein außergewöhnlicher Vorfall. Am 3. April 1915 fuhr Oldham als Tabellenführer in den Ayresome Park zum FC Middlesbrough, der knapp oberhalb der Abstiegsränge stand. Aber an jenem Nachmittag lieferte Boro eine Glanzleistung ab.

In der zehnten Minute der zweiten Halbzeit verwandelte Walter Tinsley einen Strafstoß nach schwerem Foul des Gästeverteidigers Billy Cook zur 4:1-Führung. Nur wenige Sekunden nach diesem vierten Gegentreffer stieg Cook erneut überhart ein und wurde von Schiedsrichter Harry Smith vom Platz gestellt. Der Verteidiger hielt das für überzogen und weigerte sich, das Feld zu verlassen. Als Cook nicht nachgab, sah Smith sich gezwungen, das Spiel abzubrechen. Der Verband erklärte Middlesbrough zum Sieger und sperrte Cook für zwölf Monate. Ohne einen seiner wichtigsten Spieler brach Oldhams Siegesserie, und der Verein musste Everton den Titel überlassen.

Extramotivation

Vila Nova Futebol Clube war in die dritte brasilianische Liga abgestiegen, und die Situation war alarmierend. Vor dem Start in die Saison 1996 lobte einer der Vereinsfunktionäre, der gleichzeitig Klubsponsor und Besitzer einer luxuriösen „Romantik"-Absteige in Goiania war, eine Gratisnacht inklusive Champagner für den jeweils von den Fans gewählten Spieler des Matches aus. Diese Aussicht brachte die Jungs auf Trab, und Vila Nova wurde unbesiegter Meister der brasilianischen Série C.

Mitte 2008 stellte der Präsident des dänischen Erstligisten FC Kopenhagen, Flemming Østergaard, seinen Spielern für jeden Sieg heiße „Filmpreise" in Aussicht – zwei Pornos von BN Agentur, einem der Sponsoren des Vereins. Kopenhagen gewann nicht nur den Titel, sondern auch 23 von 33 Spielen. Als Extra erhielt jeder Spieler also 46 Erotikvideos. Ihre Hände reichten nicht aus ... um die Prämie nach Hause zu tragen.

Nigerias Start in der Gruppe C der Afrikameisterschaft 2013 in Südafrika verlief wenig vielversprechend. Die ersten beiden Partien gegen Burkina Faso und Sambia endeten 1:1. Der Mannschaft drohte das Aus, als sie eine spezielle Motivation aus Lagos erreichte: Die nigerianische Prostituiertenvereinigung bot den Spielern eine Woche Gratissex, wenn sie doch noch weiterkämen und das Turnier gewönnen.

Das schien bei den Jungs seine Wirkung zu tun: Im letzten Match der Gruppenphase schlugen sie Äthiopien mit 2:0, im Viertelfinale die Elfenbeinküste mit 2:1, im Halbfinale Mali mit 4:1 und im Finale Burkina Faso mit 1:0. Ob die Super Eagles die Prämie einlösten, ist nicht bekannt, aber auf jeden Fall hatte die Motivationsspritze ihre Schuldigkeit getan.

Kostspielige Gegentreffer

Das offizielle Länderspieldebüt Frankreichs war ein turbulentes 3:3 gegen Belgien am 1. Mai 1904 in Brüssel. Die erste „internationale" Partie einer französischen Mannschaft hatte allerdings schon am 26. April des vorangegangenen Jahres stattgefunden, als elf Pariser Spieler in Rot gegen die englischen Stars in Weiß antraten. Obwohl am Ende jenes Spiels im Parc des Princes kein Unentschieden stand, waren am Ende beide Mannschaften in der Stadt der Lichter glücklich: die Gäste, weil sie durch ein 11:0 ihre Überlegenheit eindrucksvoll demonstriert hatten, und die Gastgeber, weil 984 zahlende Zuschauer gekommen waren. Die Einnahmen beliefen sich auf 1.246 Francs, seinerzeit ein kleines Vermögen.

Am 22. November 2009 sah das Stadion an der White Hart Lane den zweithöchsten Sieg der Premier-League-Geschichte, ein 9:1 der Tottenham Hotspurs gegen Wigan Athletic (bei Redaktionsschluss war der Rekord ein 9:0 von Manchester United gegen Ipswich Town von 1995). Die vernichtende Niederlage veranlasste den Trainer Roberto Martínez zum Rücktritt und die gedemütigten Spieler zu einer ungewöhnlichen Geste. Auf Initiative ihres Kapitäns, des Niederländers Mario Melchiot, übernahmen sie den Eintrittspreis für die 400 Anhänger, die den Weg vom nordwestenglischen Wigan bei Manchester nach London ins Tottenham-Stadion auf sich genommen hatten.

„Als Profis schämen wir uns für unsere Leistung. Wir sind weit unter unseren Möglichkeiten geblieben, und wir denken, dass wir unseren Anhängern etwas schuldig sind. Mit dieser Geste wollen wir ihnen für ihre unbedingte Treue danken", erklärte Melchiot. Die Tickets hatten rund 27,40 Pfund gekostet, mithin sammelte die Mannschaft knapp 11.000 Pfund für ihre Fans.

So ähnlich dachte auch die Vereinsführung des FC Arsenal, als die Mannschaft im August 2011 im Old Trafford bei Manchester United 2:8 unterging. Knapp 3.000 Londoner Fans wurden mit einem Ticket für das nächste Auswärtsspiel entschädigt, nachdem sie insgesamt knapp 700 Kilometer zurückgelegt hatten, nur um dann die schlimmste Arsenal-Niederlage seit 115 Jahren miterleben zu müssen. Am 12. Dezember 1896 hatte die Mannschaft in den rot-weißen Trikots in der zweiten englischen Liga mit 0:8 gegen Loughborough verloren.

In Italien fiel 1993 die Strafe für die Spieler der „alten Dame" Juventus Turin deftig aus. Am 30. Mai des Jahres, dem 33. Spieltag der Serie A, geriet die Turiner Institution bei ihrem Gastspiel im Stadio Adriatico von Pescara Calcio mit 1:5 unter die Räder – gegen eine Mannschaft, deren Abstieg schon seit mehreren Spieltagen feststand und die die Saison als Letzte beendete. Für die Stars wie den Engländer David Platt, die Deutschen Jürgen Kohler und Andreas Möller, den Brasilianer Júlio César und die Italiener Gianluca Vialli, Roberto Biaggio und Fabrizio Ravanelli blieb es nicht bei der Schande: Jedem von ihnen wurden für die herbe Schlappe 25 Millionen Lire (damals rund 25.000 D-Mark) vom Gehalt abgezogen.

Ecke – Tor!

Am 21. Februar 1953 war der Boden im Brockville Park, dem Stadion des schottischen Vereins FC Falkirk, vereist und rutschig. Die Drittrundenpartie des schottischen Pokals gegen Celtic Glasgow fand bei strengem Winterwetter statt – und das bekamen die Gäste zu spüren. Nach nur 18 Minuten führte die Heimmannschaft bereits mit 2:0 und steuerte auf einen historischen Sieg zu. Doch die Grün-Weißen behaupteten sich trotz des schlechten Wetters und retteten sich in die Pause, ohne dass Falkirk seinen Vorsprung noch ausbauen konnte.

Acht Minuten nach Wiederanpfiff erhielt Celtic eine Ecke von rechts, die der Nordire Charlie Tully übernahm, der über einen außergewöhnlichen linken Fuß verfügte. Nach zwei Schritten Anlauf versenkte Tully den Ball so präzise im hinteren oberen Toreck, dass Torwart Archie McFeat machtlos war. Ein überragendes Tor – wenn Schiedsrichter Douglas Gerrard es gegeben hätte. Aber der Referee monierte, dass Tully den Ball außerhalb des Viertelkreises um die Eckfahne platziert hätte. Der Celtic-Spieler legte sich den Ball ohne zu murren ein zweites Mal zurecht, jetzt aber deutlich innerhalb der Begrenzung, und schuf eine genaue Kopie seines ersten Versuchs. Erneut landete der Ball unhaltbar für McFeat in der hinteren oberen Ecke. Diese großartige Wiederholung brachte die eingefrorenen Celtic-Spieler auf Touren, und in der 59. Minute gelang ihnen durch Willie Fernie der Ausgleich, bevor sieben Minuten darauf Jimmy McGrory den Siegtreffer erzielte.

In der Saison 1991/92 der argentinischen Primera B verwandelte Jorge Almirón vom Club Atlético San Miguel gleich zwei Eckstöße gegen Torhüter Miguel Ángel Serrato vom CA Ituzaingó. In dem Fall zählten beide, und San Miguel siegte mit 2:1.

In der Copa Libertadores von 1979 gewann Deportivo Cali aus Kolumbien durch zwei direkt verwandelte Eckbälle von Ángel Torres und Ernesto Álvarez mit 3:2 gegen Quilmes AC aus Argentinien.

Im Januar 1991 traf der Mittelfeldspieler Paul Comstive von den Bolton Wanderers dreimal gegen Bournemouth, zweimal davon per direkt verwandeltem Eckstoß.

Die Eintracht-Frankfurt-Legende Bernd Nickel war ein brillanter Eckenschütze. Im Lauf seiner Karriere verwandelte er aus allen vier Ecken der Commerzbank-Arena, dem früheren Waldstadion, Eckbälle direkt. Seine Opfer waren Bayern München (22. November 1975), FC Kaiserslautern (19. April 1980), Werder Bremen (14. November 1981) und Fortuna Düsseldorf (15. Mai 1982).

Der türkische Angreifer Sükrü Gülesin soll in seiner erfolgreichen Karriere für Besiktas, Galatasaray, USC Palermo und Lazio Rom 32 Ecken direkt verwandelt haben.

Im März 2004 traf Mark Welling in der Isthmian League, einer semiprofessionellen Liga im Südwesten Englands, für den FC Worthing dreimal per Eckball aus derselben Ecke gegen Corinthian-Casuals. Allerdings besaß Pulling nicht nur eine herausragende Schusstechnik, bei seinem außergewöhnlichen Hattrick half ihm auch ein kräftiger, anhaltender Wind.

Zu schön, um nicht wahr zu sein

Mit rechts, mit links, mit dem Kopf, mit der Brust oder mit der Hand (falls der Schiedsrichter und seine Assistenten die kleine Schummelei nicht bemerken). Aus dem Spiel heraus, per Freistoß oder per Elfmeter. Im Strafraum oder außerhalb. Ins gegnerische Tor oder ins eigene. Es gibt unzählige Möglichkeiten, ein Tor zu erzielen, und damit – in den Worten des uruguayischen Autors Eduardo Galeano – „den Orgasmus des Fußballs" zu erleben. Aber manche Tore sind natürlich dennoch etwas Besonderes.

Ein solcher Treffer fiel in der Stadtmeisterschaft von São Paulo 1962 in der Begegnung zwischen FC Santos und FC Guarini. Im Santos-Stadion Urbano Caldeira (nach dem Viertel, in dem es liegt, auch Vila Belmiro genannt) erhielt Pelé, die Nummer 10 der Gastgeber, im Strafraum den Ball und ließ ihn nacheinander über drei verblüffte Gegner tanzen. Nachdem er so den letzten Verteidiger ausgespielt hatte, zog „O Rei" ab, ohne dass die Kugel nochmals den Boden berührt hätte. Der Ball ging an die Unterkante der Latte, sprang auf den Boden und nach vorn ins Spielfeld zurück. Ein Guarani-Spieler wollte das Spiel fortsetzen, aber Schiedsrichter João Etzel deutete auf den Mittelpunkt. „Die gesamte Mannschaft von Guarani stürmte auf ihn ein und behauptete, dass der Ball nicht hinter der Linie gewesen sei", sagte Pelé Jahre später. „Schließlich beendete der Schiedsrichter die Diskussion, indem er rief: ‚Vielleicht war der Ball nicht drin, aber weil es so schön war, gebe ich den Treffer. Das war Pelés Tor, und damit basta.' Hätte ich das nicht mit eigenen Ohren gehört, würde ich das nicht glauben."

Lasst ihn liegen!

Die 90 Minuten waren schon vorbei, und die ghanaischen Gastgeber lagen im Halbfinale der Afrikameisterschaft am 7. Februar 2008 im brodelnden Ohene-Djan-Sports-Stadion von Accra 0:1 gegen Kamerun zurück, und die unbezähmbaren Löwen verteidigten ihre Führung aus der 71. Minute durch ein Tor von Alain Nkong mit Haut und Haar. Zu Beginn der kurzen Nachspielzeit wälzte sich der Gästeverteidiger Rigobert Song auf dem Rasen, nachdem er mit seinem eigenen Torwart Idriss Kameni und dem gegnerischen Angreifer Junior Agogo zusammengeprallt war.

Ghanaische Helfer eilten mit einer fahrbaren Rolltrage aufs Feld, um den kamerunischen Kapitän abzutransportieren und die rasche Fortsetzung des Spiels zu ermöglichen.

Doch in dem Moment stürmte Songs Verteidigerkollege Andre Bikey-Amougou herbei und schubste einen der ghanaischen Helfer, sodass der über den Rasen kugelte. Der marokkanische Schiedsrichter Abderrahim El-Arjoun kannte kein Erbarmen und schickte den kamerunischen Spieler vom Feld. Dennoch brachte das Team den Vorsprung über die Zeit und qualifizierte sich für das Finale. Doch ohne den gesperrten Bikey-Amougou unterlag Kamerun 0:1 gegen Ägypten.

Roter Hattrick

Am 16. Dezember 2006 lag Dundee United in der First Division, der zweiten schottischen Liga, 1:2 beim FC Clyde zurück, als dem Dundee-Stürmer Andy McLaren die Nerven durchgingen. Obwohl noch Zeit für den Ausgleich war – zwei Minuten reguläre Spielzeit und mindestens drei Minuten Nachspielzeit –, nahm McLaren nicht etwa das gegnerische Tor ins Visier, sondern mit einem gezielten Schlag seinen Gegenspieler Eddie Malone. Die heimtückische Aktion blieb nicht unbemerkt vom Schiedsrichter, der den Gästespieler vom Feld stellte.

Doch damit war es noch nicht vorbei: McLaren, der neben einem aufbrausenden Temperament auch Probleme mit Alkohol und Drogen hatte, kriegte sich nicht mehr ein. Bevor er den Rasen des Broadwood Stadiums verließ, schlug er auch noch dem Clyde-Verteidiger Michael McGowan mit der Faust ins Gesicht. Der Hobbyboxer wurde von seinen Teamkameraden und einigen Helfern hinausbegleitet, und McDonald zeigte dem bereits hinausgestellten Spieler noch einmal die Rote Karte. Aber damit war immer noch nicht Schluss. Nachdem die Partie mit unverändertem Ergebnis zu Ende gegangen war, stapfte McLaren zur Schiedsrichterkabine, um seine Karriere zu retten. Er fand die Tür verschlossen vor, und als sich McDonald weigerte, mit ihm zu sprechen, trat der Stürmer mit voller Wucht die Kabinentür kaputt. Der Schiedsrichter kam auf den Flur und hielt McLaren zum dritten Mal an jenem Nachmittag die Rote Karte vor.

Allerdings war der Referee nicht lebensmüde und so hatte er abgewartet, bis der wütende Andy von einem Dutzend Polizeibeamten in Schach gehalten wurde. Vier Tage darauf musste McLaren einen schweren Schlag einstecken: Der Verband sperrte ihn für acht Spiele, und sein Verein kündigte ihm fristlos. Die Verantwortlichen waren wenig begeistert, dass er als einziger Spieler in der Geschichte des Fußballs in einer Partie drei Rote Karten kassiert hatte. Für sie hatte McLaren Dundees Namen beschmutzt.

Wer das Tor kaputt macht, fliegt!

In der irischen First Division empfing 1975 Athlone Town zu Hause im Saint Mel's Park den FC Saint Patrick Athletic. Die Gastgeber waren komplett überlegen, daher begann ihr gelangweilter Torwart Mick O'Brien, an der Latte herumzuturnen, um sich schließlich hinaufzuschwingen. Aber das schon etwas morsche Holz hielt O'Briens Gewicht nicht stand.

Der Schiedsrichter hatte schon eine Weile O'Briens fragwürdiges Treiben beobachtet und zeigte jetzt dem Keeper die Rote Karte, während der noch im Tornetz lag. Nachdem ein örtlicher Zimmermann die kaputte Latte repariert hatte, konnte das Spiel fortgesetzt werden.

Rote Karte für Eilige

Weltweit haben schon Dutzende Spieler die Rote Karte gesehen, bevor sie auch nur einmal den Ball berührt hatten – wegen Beleidigung, Foulspiel oder Tätlichkeit. Den Rekord für die schnellste Rote Karte in einer Erstligapartie hält der Brasilianer Zé Carlos von Cruzeiro Esporte Clube, der im Derby gegen Atlético Mineiro im Stadion Mineirão wegen einer Tätlichkeit nach sieben Sekunden hinausgestellt wurde.

Am Nachmittag des 12. Juli 2009 stürmte Zé Carlos nach dem Anpfiff in Mineiros Hälfte und attackierte den gegnerischen Spieler Renan mit dem Ellbogen. Für Schiedsrichter Paulo Cesar Oliveira ein klarer Platzverweis. Mit einem Mann mehr für die gesamte Spieldauer gewann Atlético Mineiro 3:0 und kletterte damit an die Tabellenspitze der Brasileirão, der ersten brasilianischen Liga. Der Cruzeiro-Stürmer schnappte sich den Rekord von Giuseppe Lorenzo vom FC Bologna, der im Spiel gegen den FC Parma am 9. Dezember 1990 nach zehn Sekunden vom Feld geflogen war.

Der Rekord im Profifußball, allerdings in einer unterklassigen Liga, wurde am 28. Dezember 2008 in der englischen Southern Premier Division aufgestellt. In der Begegnung von Chippenham Town und FC Bashley stürmte David Pratt von der Heimmannschaft nach Anpfiff in die gegnerische Hälfte und foulte Mittelfeldspieler Chris Knowles vom Gästeteam. Schiedsrichter Justin Amey zückte umgehend die Rote Karte, und so stand Chippenham Town nach nur drei Sekunden mit einem Mann weniger auf dem Feld. Der FC Bashley nutzte das aus und gewann mit 2:1.

Ist es möglich, sich noch schneller eine Rote Karte einzufangen? Selbstverständlich, wie einer der kuriosesten Vorfälle der Fußballgeschichte zeigt. Am 8. Oktober 2000 blies Schiedsrichter Pete Kearle im südenglischen Taunton kräftig in seine Pfeife, um das Startsignal für die Partie Taunton East Reach Wanderers gegen Cross Farm Celtic in der dritten Division der Sunday League zu geben. Dabei hatte er nicht den direkt neben ihm stehenden Gästestürmer Lee Todd bemerkt. Mit dem Rücken zum Schiedsrichter wartete Todd darauf, dass es losging, doch bei dem durchdringenden Pfiff fuhr er zusammen.

„Verdammte Scheiße noch mal!", rief er. Der Schiedsrichter dachte, dass der 22-Jährige ihn beleidigt habe und zückte die Rote Karte. Das alles ging viel schneller als die ausführliche Schilderung hier: Es dauerte nur zwei Sekunden! Todd half nicht, dass er Stein auf Bein schwor, er habe keine Beleidigung des Schiedsrichters im Sinn gehabt, sondern sich nur erschrocken. Kearle blieb bei seiner Entscheidung, und Todd musste vom Feld. Ein paar Tage darauf kam es noch dicker für Todd: Der Verband sperrte ihn für 35 Tage und brummte ihm eine Strafe von 27 Pfund auf. Bei allem Pech konnte der Stürmer sich immerhin damit trösten, dass seine Mannschaft auch mit einem Mann weniger einen fantastischen 11:2-Sieg einfuhr.

Rote Karte nach Feierabend

Mattia Collauto aus Venedig kann auf eine lange Karriere mit fast 500 Spielen in den italienischen Serie B und C zurückblicken, aber den unglücksseligen Nachmittag des 7. März 1999 im Stadion Giovanni Zini wird er vermutlich nie vergessen.

Der Mittelfeldspieler von US Cremonese war in der 66. Minute beim Stand von 1:0 für sein Team ausgewechselt worden und verfolgte das Spiel von der Ersatzbank aus, als in der zweiten Minute der Nachspielzeit der FC Treviso mit einem umstrittenen Treffer ausglich. Collauto war außer sich, weil ein Gästespieler vor dem Ausgleich ein Foul begangen hatte, und rannte zurück aufs Feld, um noch einmal in aller Ruhe mit dem Schiedsrichter zu sprechen. Doch vielleicht war er auch nicht ganz so ruhig, jedenfalls kassierte der Venezianer 26 Minuten nach seiner Auswechslung die Rote Karte wegen Beleidigung.

Große Entschuldigung

Die Spieler der Schweizer Mannschaft FC Sankt Gallen 1879 verließen beschämt und mit roten Köpfen den Sportpark Bergholz. Die 3:11-Niederlage beim FC Wil 1900 am 3. November 2002 – ausgerechnet im Sankt Gallener Kantonsderby gegen den „jüngeren" Bruder – hatte die Spieler schwer gedemütigt.

Um sich bei ihren gequälten Anhängern für die Schande zu entschuldigen, bezahlten die Spieler und ihr Coach Thomas Staub eine ganzseitige Anzeige im *St. Galler Tagblatt*. „Am letzten Sonntag in Wil haben wir, die Spieler des FC St. Gallen, uns bis auf die Knochen blamiert", hieß es unter einem Mannschaftsfoto, begleitet von den Unterschriften der Spieler.

„Wir wissen, Ihr seid die besten Fans in der Schweiz, und wir haben Euch brutal enttäuscht. Es tut uns aufrichtig Leid [...]. Leider können wir es nicht mehr rückgängig machen", fuhren die reumütigen Herren fort. Immerhin kriegten sie vielleicht ein wenig Rabatt für ihre Entschuldigung, da das *St. Galler Tagblatt* der Hauptsponsor des Vereins war ...

Die Überraschung

Tom O'Kane saß angespannt im Zug. Dem ungeduldigen Verteidiger kam es am Abend des 12. Septembers 1885 so vor, als würde die Bahn die gut 25 Kilometer von Dundee nach Arbroath im Schleichtempo zurücklegen. Der Dundee-Harp-Verteidiger O'Kane konnte es nicht abwarten, in seine Heimat zurückzukehren und vor seinen ehemaligen Mannschaftskameraden des FC Arbroath – mit denen er sich bis auf den Tod zerstritten hatte – mit der großartigen Abreibung zu prahlen, die sein Team gerade in der ersten Runde des schottischen Pokals den Aberdeen Rovers verpasst hatten: 35:0!

O'Kane hatte sogar ein Telegramm an seine ehemaligen Kameraden im Gayfield Park gesandt und wollte nun klarstellen, dass der Triumph eigentlich noch höher ausgefallen sei: Der Schiedsrichter hatte 37 Treffer gezählt, aber ein Offizieller von Harp hatte den Mann in Schwarz pietätvoll auf seinen Irrtum hingewiesen und erklärt, dass es „nur" 35 Treffer gewesen seien. Da das Tornetz erst fünf Jahre danach eingeführt wurde, konnte solch ein Versehen schon mal passieren. Also wurden die 35 Treffer als bis dahin höchster Sieg in der noch jungen Geschichte des britischen Fußballs offiziell bestätigt.

Als der Zug endlich angekommen war, rannte O'Kane zum Stadion des FC Arbroath, wo seine Ex-Kollegen gerade – ebenfalls im schottischen Pokal – gegen den FC Bon Accord gespielt hatten. Doch im Stadion hätte es den Verteidiger fast umgehauen: Seine ehemaligen Mitspieler hatten ihre Gegner, zufällig ebenfalls ein Aberdeener Team, mit 36:0 vom Platz gefegt! Die Mannen von Arbroath genossen O'Kanes enttäuschte Miene und setzten sogar noch eins drauf: Eigentlich hätten sie 43:0

gewonnen, aber Schiedsrichter Dave Stormont habe ihnen sieben Treffer wegen Abseits verweigert! Noch dazu habe ihr Torwart Jim Milne in den 90 Minuten nicht einmal den Ball berührt und das ungleiche Spiel unter einem Regenschirm verfolgt, den ihm ein Zuschauer wegen des strömenden Regens gereicht habe.

Arbroath' phänomenaler Sieg – bis heute der höchste in der Geschichte des britischen Fußballs – lässt sich wohl damit erklären, dass dem schottischen Verband bei seinen Einladungen zu dem Wettbewerb ein Fehler unterlaufen war. Statt an den Aberdeener Fußballverein FC Orion ging die Post an den Orion Cricket Club. Doch die Kricketspieler stellten sich der Herausforderung und meldeten sich in Anlehnung an eine Parole aus den schottischen Unabhängigkeitskriegen als „Bon Accord" an, um sich eindeutig von ihren Namensvettern abzugrenzen.

Auch die weiteren 47 Begegnungen jenes Spieltags lieferten einige bemerkenswerte Ergebnisse: FC Alpha – Cambuslang Hibernian 6:8, FC Ayr – FC Maybole 7:0, Rovers Ayr – FC Dalry 0:8, Coupar Angus – Dundee Our Boys 2:8, FC Crieff – Dunfermline Athletic 0:7, FC Granton – Partick Thistle 0:11, Greenock Southern – FC Neilston 1:10, FC Hibernian – Edina Hibs 9:0, FC Kilmarnock – Annbank United 7:1, Kirkintilloch Athletic – FC Renton 0:15, Queen's Park – St. Peter's 16:0, FC Shettleston – FC Cambuslang 1:7, FC Strathmore – FC Aberdeen 7:0, Third Lanark – FC Shawlands 9:1, FC Thistle – FC Westbourne 11:1, Vale of Teith – FC Oban 9:1. Und das sind nur einige der Ergebnisse, die mehr als hundert Jahre danach kaum fassbar erscheinen.

Zum Schluss noch eine interessante Tatsache: So wie auch andere der oben erwähnten Mannschaften, die in der ersten Runde Kantersiege ein fuhren, gelangten weder der FC Arbroath noch Dundee Harp über die Runde der letzten 16 hinaus. Arbroath schlug in der zweiten Runde Forfar Athletic 9:1 und in der dritten Dundee East End 7:1, bevor das Team schließlich dem FC Hibernian mit 3:5 unterlag. Und Dundee Harp schlug noch Dundee Our Boys 4:1 und Vale of Teith 8:1, bevor die Mannschaft bei Vale of Leven mit 0:6 unterging.

Mitleid

Am 28. Februar 1980 besiegte die argentinische Erstliga-Spitzenmannschaft CA Huracán im Finale des Vintage Cups vor den leeren Rängen des WM-Stadions in Mendoza den semiprofessionellen FC Gutiérrez mit 12:0. Dante Adrián Sanabria (4. und 34. Minute), Miguel Brindisi (18.), Roque Avallay (19.), René Houseman (33., 35., 41. und 46.), Carlos Babington (45. per Elfmeter) und Juan César Silva (58., 60. und 73. Minute) manifestierten den haushohen Qualitätsunterschied auch auf der Anzeigetafel.

Nachdem die Mannschaft im Zeichen des „Heißluftballons" zum zwölften Mal erfolgreich gewesen war, schrieb ein Stadionmitarbeiter und Gutiérrez-Fan auf die riesige Anzeigetafel des Malvinas Argentinas: „Bitte nicht noch mehr Tore!" Die ungewöhnliche Bitte erweichte die Jungs aus Huracán, die in den verbliebenen 17 Minuten aus Mitleid mit ihren unterlegenen Gegnern nicht mehr in deren Strafraum vordrangen.

Prioritäten

Die Verantwortlichen und Spieler des finnischen Nationalteams sahen ihrem Paris-Besuch aus Anlass der Qualifikationspartie zur WM 1962 in Chile voller Vorfreude entgegen, als würde dort ein Urlaub auf sie warten, nicht ein ernstes Fußballspiel. Nach zwei Heimniederlagen gegen Frankreich (1:2) und Bulgarien (0:2) waren die Finnen praktisch schon ausgeschieden. Also nutzten sie ihre erste Reise in die Stadt der Lichter, um die größten Sehenswürdigkeiten der französischen Hauptstadt wie den Eiffelturm und den Arc de Triomphe zu besichtigen und sich eine Varietéshow im berühmten Casino de Paris anzuschauen, Letzteres am Vorabend des Spiels.

Derart nebensächlich war die Partie für sie, dass sie sich noch nicht einmal um einen Platz für ein Abschlusstraining kümmerten. Am 28. September 1961 waren die Beine der Nordländer von den Nachwirkungen des Champagners und des Bohème-Lebens derart geschwächt, dass Frankreich sich im Parc des Princes mühelos mit 5:1 durchsetzte.

Souvenir

Der 1880 gegründete Selkirk Football Club ist einer der ältesten Fußballvereine Schottlands, spielte allerdings durchgängig in unteren Ligen wie der East of Scotland Football League. Trotzdem meldeten die Spieler aus der Kleinstadt 1984 für den prestigeträchtigen schottischen Pokal. Das Los bescherte ihnen in der ersten Runde die Profis von Stirling Albion aus der zweiten Liga.

Die Jungs von Selkirk gingen das Erstrundenspiel wie ein Finale an und zogen sich mehrere Tage ins Trainingslager zurück, um sich einen Matchplan zurechtzulegen. Am Morgen des 8. Dezembers reiste die Amateurmannschaft hoffnungsvoll die knapp 100 Kilometer nach Stirling ins Doubletree Dunblane Stadium. Doch leider mussten sie ihre Hoffnung schon nach wenigen Minuten begraben.

Die erste Halbzeit endete 15:0 für die Heimmannschaft, für die acht unterschiedliche Spieler trafen. In der zweiten Halbzeit steigerten sich die unerfahrenen Gäste ein wenig und ließen nur noch fünf Treffer der Heimmannschaft zu. Trotz der Pleite verließ der Torwart von Selkirk, Richard Taylor, das Stadion mit einem Lächeln. Seine Gegner hatten ihm den Spielball als Souvenir überlassen.

Totenfeier

Viele verstorbene Fans wurden mit einer Totenfeier im Stadion verabschiedet, aber nur einer während eines Erstligaspiels. Am 27. März 2011 empfing die kolumbianische Mannschaft Cúcuta Deportivo im Stadion General Santander den FC Envigado, als in der zweiten Halbzeit mehrere Mitglieder der *Banda del Indio*, die *Barra Brava* von Cúcuta, die Polizeikontrollen überwanden und mit einem in ein rot-schwarzes Tuch eingewickelten Sarg, in dem der Leichnam eines Teenagers lag, die Tribüne enterten.

„Alex ist nicht tot, dort drinnen lebt er weiter", skandierten die rund 200 Fans. In der Woche zuvor war Christopher Alexander Jácome Sanguino (17) bei einer 5-gegen-5-Partie auf einem Bolzplatz im Viertel Bellavista von vier Kugeln getroffen worden. Obwohl die Mitglieder der Banda del Indio wegen mehrerer Gewalttaten Stadionverbot hatten, gelangten die Hooligans mitsamt Sarg in der zweiten Halbzeit durch ein offenes Tor hinein.

Der Präsident der Corporación Nuevo Cúcuta Deportivo, Álvaro Torrada Sagra, lehnte die Verantwortung für den Vorfall ab. Seiner Ansicht nach hatte die Staatspolizei Schuld, da sie „für die Sicherheit verantwortlich" gewesen sei. Die Mutter des Jungen erklärte der Zeitung *El Tiempo*, dass sie der ungewöhnlichen Totenfeier zugestimmt habe, weil ihr Sohn „sich das gewünscht hat". Nach dem Schlusspfiff der Partie (1:1) zog der Trauerzug mit dem Sarg zum Haus des Jungen, damit er am nächsten Tag beerdigt werden konnte.

Eine ähnliche Geschichte ereignete sich im Oktober 2012 im Stadion des argentinischen Vereins Quilmes AC bei einer Partie gegen CA Unión aus Santa Fe. Allerdings standen sich die zweiten Mannschaften der beiden Vereine gegenüber, sodass kaum Zuschauer anwesend waren. In diesem Fall enthielt der Sarg einen Jugendlichen – den Sohn eines der Anführer der Barra Brava von Quilmes –, der vermutlich bei einem Schusswechsel verfeindeter Gangs ums Leben gekommen war.

Nach dem Beginn der Trauerfeier in der zehnten Minute der zweiten Halbzeit lief der sichtlich verängstigte Unión-Torwart Joaquin Papaleo zum Mittelkreis. In seinem Bericht auf Twitter® erklärte er anschließend, dass die Eindringlinge dem Jugendlichen „mit mehreren Schüssen" ihren Tribut erwiesen hätten. Das Spiel wurde unterbrochen und erst fortgesetzt, als die Prozession das Stadion verließ. Senator Anibal Fernandez, der Quilmes-Präsident und frühere Stabschef der damaligen argentinischen Präsidentin Christina de Kirchner, kommentierte den Vorfall im Radio: „So weit ich das sehen kann, ist nichts Verbotenes passiert."

Ohne Feingefühl

In dem kleinen Stadion Alberto Benedetti in der Toskana brodelte es am Nachmittag des 7. März 2010. Zwischen US Borgo a Buggiano und den Gästen vom FC Fossombrone aus der Provinz Pesaro und Urbino stand es torlos unentschieden, was die Chance der Gastgeber auf den Gewinn der regionalen Staffel des Campionato Nazionale Dilettanti (Serie D) sinken ließ.

In der 60. Minute gab Schiedsrichter Andrea Bonavia einen umstrittenen Elfmeter für die Gäste und stellte Heimtorwart Matteo Cherubini vom Platz. Mit einem kräftigen Schuss überwand Fossombrones Kapitän Francesco Marianeschi den Ersatzkeeper Matteo Costa. Auf den Rängen explodierten die Fans der Blauen und beschimpften den Referee, dem sie die Schuld an dem Rückstand gaben.

Am meisten regte sich Burgo a Baggianos Präsident Roberto Luporini auf, so sehr, dass er inmitten der Proteste einen Herzinfarkt erlitt und kurz darauf am Spielfeldrand verstarb. Die tragische Nachricht erreichte die bestürzten Heimspieler, die Bonavia baten, das Spiel auszusetzen. Der Schiedsrichter beriet sich mit dem gegnerischen Kapitän Marianeschi und brach das Spiel mit seiner Zustimmung nach 71 Minuten ab.

Drei Tage darauf beriet sich die zuständige Verbandskammer und gab eine befremdliche Entscheidung bekannt: Das Spiel wurde als Niederlage für die Gastgeber gewertet, ihnen wurde außerdem ein Punkt abgezogen und eine Strafe von 1.000 Euro aufgebrummt, weil die Spieler ohne triftigen Grund das Feld verlassen hätten. Der Ausschuss sah Luporinis Tod nicht als „höhere Gewalt" an, die einen Spielabbruch gerechtfertigt hätte. Das ließen sich die Verantwortlichen von Borgo a Buggiano nicht einfach gefallen und wandten sich an den Gerichtshof in Rom wegen der in ihren Augen ungerechtfertigten Strafe.

Nach ausführlicher Beschäftigung mit dem Fall erklärte das Hohe Gericht die Verbandsentscheidung für unwirksam und bestimmte, dass das Spiel vom Zeitpunkt des Abbruchs an fortgesetzt werden musste. Am 28. April reisten die Spieler aus Fossombrone erneut die rund 240 Kilometer ins Stadion Alberto Benedetti, um die verbliebenen 19 Minuten mit ihren Kollegen von Borgo a Buggiano unter der Leitung eines anderen Schiedsrichters, Fabio Ghellere, zu absolvieren. Den Gastgebern gelang es zu zehnt nicht, das Spiel zu drehen, aber zumindest konnten sie ihrem geschätzten Präsidenten Luporini auf dem Spielfeld Tribut erweisen.

Omertà

Vor dem Spiel gegen AC Strongoli bat Pasqualino Arena, der Präsident von Isola Capo Rizzuto, den jungen Schiedsrichter Paolo Zimmaro mit Tränen in den Augen um eine Schweigeminute für seinen Cousin Carmine Arena, der einige Tage zuvor verstorben war und ein leidenschaftlicher „Tifoso" der Mannschaft gewesen war. Zimmaro hatte Mitleid mit dem Vereinsoberen, und so ließ er am 4. Oktober 2004 vor Beginn der Begegnung der Gruppe A der sechsten kalabrischen Liga die beiden Mannschaften auf ihrer jeweiligen Platzhälfte zu der Ehrerbietung antreten. Leider war dem naiven Referee, einem unerfahrenen 20-jährigen Ingenieursstudenten, nicht klar, dass der Verstorbene nicht irgendein unschuldiger Fan gewesen war, sondern ein Capo der 'Ndrangheta, der mächtigen kalabrischen Mafia, der in seinem gepanzerten Wagen drei Panzerbüchsenprojektilen und mehreren Kalaschnikowsalven zum Opfer gefallen war. Der Vorfall kam Franco Tricoli, einem Staatsanwalt aus Crotone, zu Ohren, der die Ehrung eines Mafioso bei einer Sportveranstaltung scharf verurteilte, aber anerkannte, dass der Unparteiische in die Irre geführt worden war. Zimmaro erklärte vor dem Schiedsrichterausschuss: „Die Bitte wurde auf dem Weg zum Spielfeld an mich herangetragen, und mir wurde nur gesagt, dass ein Freund des Vereins verstorben sei. Die Wahrheit habe ich erst nach dem Spiel erfahren." Tricoli zeigte den jungen Mann nicht an, allerdings erhielten der Referee und seine Assistenten eine Sperre, weil sie das Gedenken eigenmächtig angeordnet hatten.

Bestrafte Ehrerbietung

Am 30. Juni 1929, dem letzten Spieltag der ersten Liga der Asociación Amateur Argentina de Football (seit 1934 Asociación del Fútbol Argentino), trafen Argentino del Sud und CA Almagro aufeinander. Als die beiden Mannschaften im Stadion Argentino von Sarandí eintrafen, erfuhren sie, dass tags zuvor Verbandspräsident Adrián Beccar Varela verstorben war.

Da das Spiel für beide Mannschaften keine besondere Bedeutung mehr besaß – weder kämpften sie um die Meisterschaft noch gegen den Abstieg –, erklärten sie sich bereit, zu Ehren des Toten das Spiel zu verlegen. Doch so unglaublich es klingt, ausgerechnet der Verband verurteilte die löbliche Geste! In einer äußerst harten Entscheidung wurde das Spiel komplett abgesagt, da die beiden Vereine es ohne Rücksprache verlegt hatten. Die Betroffenen verzichteten auf Protest und reagierten mit pietätvollem Schweigen.

Überflüssiger Platzverweis

Mitte der 1990er-Jahre ereignete sich im spanischen Salamanca ein skurriler Vorfall. Während der Begegnung von zwei U-16-Spielgemeinschaften packte einen Hund die Leidenschaft für das Spiel. Er rannte über die Seitenlinie und jagte dem Ball hinterher. Doch der Schiedsrichter stoppte den unwillkommenen Mitspieler mit einem Pfiff und erteilte ihm einen Platzverweis.

Zur allgemeinen Verblüffung schien der Vierbeiner die Regeln zu kennen: Beim Anblick der Roten Karte machte er kehrt und verließ ohne ein Abschiedsbellen neben dem Tor das Feld.

Unwillkommene Zuschauer

Die rumänischen Spieler hatten für ihre 0:1-Niederlage gegen Israel am 18. März 1998 eine ausgesprochen plausible Erklärung: Das vom Verband für das Vorbereitungsmatch auf die WM 1998 in Frankreich ausgewählte Stadionul Steaua war verflucht.

„Man spürt da draußen die unheimliche Atmosphäre", versicherten die Spieler ihrem Trainer Anghel Iordănescu. Mehrere von ihnen erklärten, sie hätten Geister über das Spielfeld schweben gesehen. Die Spieler schoben das auf den nahe gelegenen Friedhof und gaben bekannt, nicht noch einmal in dem Stadion anzutreten. Sie fürchteten, von den Geistern verflucht zu werden und bei der WM früh zu scheitern.

Die Verbandsspitze und die Teamoffiziellen waren nicht weniger abergläubisch als die Spieler und verlegten das folgende Vorbereitungsspiel am 8. April in ein anderes Stadion, die Arena Națională. Ungestört von gruseligen Geistern, gewann Rumänien mit 2:1 und wurde in Frankreich ungeschlagener Gruppenerster vor England, Kolumbien und Tunesien.

Sperre für einen Toten

Am 29. Oktober 1995 erhielt der Verteidiger Luigi Coluccio von US Gioiosa Ionica für sein Foul an einem Gegenspieler von Bocale Calcio in der kalabrischen sechsten Liga vollkommen zu Recht die Rote Karte.

Als Coluccio drei Tage danach gerade allein seine Bar schloss, wurde er von zwei Tätern erschossen. Laut Polizei steckte einmal mehr die 'Ndrangheta hinter der Tat. Die kalabrische Mafiaorganisation hatte bereits ein Restaurant und einen Gemischtwarenladen der Coluccios in Brand gesetzt und Luigis Bruder Pasquale in den Arm geschossen.

Neun Tage nach dem Verbrechen beriet der Verband über den Schiedsrichterbericht und sperrte den Toten für eine Partie! Laut dem Vorsitzenden des zuständigen Ausschusses, Nino Cosentino, ließ „das Disziplinarverfahren uns keinen Spielraum", nachdem es durch den vor der Tat erstellten Schiedsrichterbericht „in Gang gesetzt" worden war.

Aus Protest gegen den Mord trug US Gioiosa Ionica im nächsten Spiel gegen AS Sambatello Calcio schwarze Armbinden. Und um der lächerlichen Strafe zu genügen, ließen sie das Trikot mit der Nummer 2 in der Kabine, indes Coluccios Ersatz mit der 14 auflief. Gioiosa gewann durch ein Tor in letzter Minute 1:0, und die Spieler feierten den Treffer, indem sie ihre Blicke zum Himmel hoben.

Der Feind aus dem eigenen Land

Es gibt wohl kein Team, das sich nicht schon einmal über die Leistung des Schiedsrichters beklagt hat. Aber warum sollte eine Nationalmannschaft über einen Referee schimpfen, der überhaupt kein Spiel des Teams gepfiffen hat und außerdem auch noch ein Landsmann ist? Doch genau das geschah am 15. Juli 2004 bei der Copa América in Peru.

Im Stadion Modelo Jorge Basadro von Tacna kämpften Costa Rica und Chile um den dritten Platz in der Gruppe C, in der Paraguay und Brasilien sich bereits für die nächste Runde qualifiziert hatten. Der Gewinner der Partie konnte die beiden Teams begleiten, denn laut den CONMEBOL-Regularien schafften es auch die beiden Besten der drei Gruppendritten ins Viertelfinale.

Schiedsrichter René Ortubé aus Bolivien hatte drei Minuten Nachspielzeit angezeigt, an deren Ende es immer noch 1:1 unentschieden stand. Doch anscheinend gefiel dem Referee das Spektakel, und so ließ er weiterspielen, bis schließlich der Costa-Ricaner Andy Herrón traf und damit die Mittelamerikaner in die nächste Runde schoss, indessen Chile und ausgerechnet Bolivien – als Dritter der Gruppe A – aus dem Turnier ausschieden. Hätte Ortubé pünktlich abgepfiffen, wäre der Andenstaat ins Viertelfinale eingezogen. Wie sich denken lässt, wurde der bolivianische Referee bei seiner Rückkehr nicht gerade mit offenen Armen empfangen.

Verhagelter Klassenerhalt

Ende 1894 befand sich der Verein Walsall Town Swifts, der Vorläufer des heutigen FC Walsall und eines der Gründungsmitglieder der englischen Second Division, in einer schwierigen Lage. Das Team musste unbedingt gewinnen, um nicht aus der seinerzeit niedrigsten professionellen Liga abzusteigen. Das hätte vermutlich, wie damals häufig, die Auflösung des Vereins nach sich gezogen. Insofern brauchte Walsall am 29. Dezember 1894 unbedingt einen Sieg gegen Newcastle United.

Doch die erste Halbzeit verlief katastrophal für die Heimmannschaft: Robert Willis musste schon früh verletzt den Platz verlassen, woraus die „Elstern" Kapital schlugen und mit einem Mann mehr und einer 3:0-Führung in die Pause gingen. In der zweiten Halbzeit suchten die in ihrem Stolz verletzten Walsall-Spieler ihr Heil im Angriff und holten trotz Unterzahl in wenigen Minuten zwei Tore auf. Der Ausgleich schien förmlich in der Luft zu liegen.

Doch dann zogen schwarze Wolken am Himmel auf und entließen in der 78. Minute einen heftigen Hagelschauer, sodass der Schiedsrichter zum Schutz der Spieler die Partie abbrach. Als die Verbandsoffiziellen einige Tage danach zusammenkamen, werteten sie das Spiel zugunsten Newcastles. Gegen den Beschluss legten die Verantwortlichen des unterlegenen Teams Widerspruch ein, da die Mannschaft noch zwölf Minuten Zeit gehabt hätte, das Spiel zu drehen.

Doch auch nach einer zweiten Beratung bestätigte der Verband seine Entscheidung, sodass am Ende der Saison Walsall als dritter Absteiger feststand – hinter dem punktgleichen Lincoln City, das dank des besseren Torverhältnisses die Klasse halten konnte. Ein Jahr später kehrten die Absteiger in die Second Division zurück, allerdings unter einem neuen Namen: FC Walsall. Die „Town Swifts" waren in dem eisigen Hagelschauer untergegangen.

Das bisschen Regen ...

Wie bereits gesehen, kann starker Regen die Fußballleidenschaft nicht unbedingt zum Erlöschen bringen, aber doch allerhand seltsame Situationen hervorbringen. In der ersten belgischen Liga standen sich 1899 die Brüsseler Vereine Racing Club und Athletic & Running Club im strömenden Regen gegenüber. Aufgrund des Wetters fanden nur drei Zuschauer den Weg ins Stadion. Die Gäste gewannen mit 3:0, es kam also auf jeden Zuschauer genau ein Tor!

Damit am 25. April 1999 CA Talleres aus Córdoba und Rosario Central am neunten Spieltag der argentinischen Clausura überhaupt gegeneinander antreten konnten, mussten unmittelbar vor Spielbeginn erst einmal die Linien nachgezogen wurden: Ein Unwetter hatte sie fortgespült.

Bei der Copa América setzten am 16. Juli 1995 die uruguayischen Organisatoren einen Hubschrauber ein, um die Pfützen auf dem Rasen des Centenario-Stadions zu verteilen, wo zwei Partien anstanden: Kolumbien gegen Paraguay und Uruguay gegen Bolivien.

Willkommener K. o.

Fußballer hassen nichts mehr als Verletzungen, Fouls und Tätlichkeiten. Doch hin und wieder kann dergleichen auch willkommene Nebenwirkungen haben, wie Khiat Ahmed bezeugen kann. Mit 20 Jahren hatte Ahmed 1961 seine Stimme verloren, als im algerischen Unabhängigkeitskrieg gegen Frankreich neben ihm ein Geschoss explodierte.

Drei Jahre danach wurde der inzwischen zum Fußballer gewordene junge Mann in der ersten algerischen Liga völlig unvorbereitet von einem Ball niedergestreckt. Er stürzte zu Boden und blieb mehrere Minuten benommen liegen. Doch nachdem Ahmed sich erholt hatte, konnte er wie durch ein Wunder wieder sprechen. Was seine ersten Worte waren? Nun ja, schweigen wir davon ... Wegen einer vermeintlichen Fehlentscheidung gegen sein Team beschimpfte er den Schiedsrichter aufs Übelste.

Volltreffer

„Noch ein Tor, und es wird das letzte deines Lebens sein", warnte 1924 ein furchteinflößender Verteidiger des FC Altrincham seinen Gegenspieler – für ein englisches Juniorenspiel eine unangemessen brutale Drohung. Doch der talentierte William „Dixie" Dean von den Tranmere Rovers ließ sich davon nicht einschüchtern und traf nur wenige Minuten später erneut.

Das sollte das letzte Mal in der Partie gewesen sein, dass er den Ball berührt hatte. In der nächsten Szene setzte der Verteidiger seine Drohung in die Tat um und versetzte Dean einen unbarmherzigen Tritt in die Weichteile. Dean brach vor Schmerz zusammen und wurde sofort in ein Krankenhaus gebracht, wo man ihm einen bei dem Tritt geplatzten Hoden entfernen musste. Doch Dean erholte sich und gab nicht etwa auf, sondern machte eine große Karriere, in deren Verlauf er in 447 Ligaspielen 390 Tore schoss plus 18 Tore in 16 Einsätzen für England. Bis heute hält Dean den Rekord für die meisten Saisontreffer. In der Spielzeit 1927/28 traf er im Trikot des FC Everton 60-mal.

Arm- und Beinbruch

Bis die FIFA 1970 Auswechslungen einführte, mussten viele Spieler trotz gravierender Verletzungen durchhalten, um ihr Team nicht zahlenmäßig zu schwächen. Zu den bekanntesten Fällen gehören zweifellos jene, die beim bedeutendsten Wettbewerb des Fußballs, der Weltmeisterschaft, auftraten. Im Viertelfinale der WM 1938 in Frankreich harrte der Tscheche Frantisek Planicka im Spiel gegen Brasilien trotz eines Knochenbruchs zwischen den Pfosten aus. Laut einigen Quellen hatte er sich die Speiche eines Arms gebrochen, anderen zufolge das Schlüsselbein, dennoch hielt der stoische Torwart die zweite Halbzeit und die Verlängerung durch. Das Spiel endete unentschieden, und im Wiederholungsspiel zwei Tage danach wurde Planicka durch Karel Burket ersetzt.

In einem der Halbfinals der WM 1954 in der Schweiz wollte der Uruguayer Juan Hohberg gegen Ungarn trotz Herzattacke unter keinen Umständen das Feld verlassen, und in Chile 1962 rannte ein weiterer Uruguayer, Eliseo Álvarez, auch noch mit gebrochenem rechten Wadenbein dem Ball hinterher.

Diese extremen Beispiele lassen sich vielleicht noch mit der Bedeutung des Wettbewerbs und dem Regelwerk, das noch keine Auswechslungen vorsah, erklären. Umso schwerer fällt es, zu begreifen, wieso der Portugiese Manuel Fernandes von Valencia am Sonntag, dem 5. April 2009, noch 75 Minuten mit gebrochenem Wadenbein weiterspielte. In der Begegnung gegen Getafe zog Fernandes sich die Verletzung in der 15. Minute zu. Ungeachtet der Schmerzen in seinem linken Bein hielt der Mittelfeldspieler bis zum Ende der Partie durch, indem er sein Schienbein (den kräftigsten Unterschenkelknochen) mit der bei Fußballern gebräuchlichen Bandage stützte. Im Anschluss an das Spiel stellte Valencias Mannschaftsarzt Antonio Giner den Bruch fest, und Fernandes verpasste nach der fälligen Operation den Rest der Saison.

In der Copa Mercosur 1999 spielte Gustavo Munúa, der Torwart von Nacional Montevideo aus Uruguay, im Superclásico gegen CA Peñarol von Beginn an mit einem Bruch im linken Unterarm, den er sich einige Tage zuvor in der uruguayischen Liga bei einem Zusammenprall mit einem Spieler von Deportivo Maldonado zugezogen hatte. Am Morgen nach jener Partie hatte der Keeper Armbeschwerden, aber der Mannschaftsarzt verschrieb ihm nur Eis gegen eine vermeintliche Entzündung. Nach dem Match gegen Peñarol bemerkte der Torwart, dass die Schwellung schlimmer geworden war und suchte einen Unfallspezialisten auf. Der Experte erkannte die Lage sofort und operierte den uruguayischen Nationaltorwart, der 1997 in Malaysia mit der U-20-Nationalmannschaft Vizeweltmeister geworden war, noch am selben Tag.

Einen Monat nach Munúas schlimmem Erlebnis brach der argentinische Racing-Santander-Verteidiger Claudio Arzeno sich im Spiel gegen Espanyol Barcelona die Nase, nachdem er einen Treffer mit dem Gesicht erzielt hatte, bei dem er von der Wucht des Balls ausgeknockt wurde. Der Arzt der kantabrischen Mannschaft kümmerte sich um ihn, und Arzeno absolvierte klaglos die restlichen 65 Minuten der Partie. „Mir kam gar nicht in den Sinn, runterzugehen. Ich fand das nicht weiter tragisch, atmen konnte ich schließlich durch den Mund", erklärte der Innenverteidiger nach dem Spiel, das 2:2 ausging.

Der CA Los Andes erlebte eine ausgesprochen erfolgreiche Saison 1960, die mit dem Aufstieg in die erste argentinische Liga endete. Doch in einer Partie stieß Torwart Leon Goldbaum mit einem Gegner zusammen und trug drei gebrochene Rippen davon. Auch der Gips konnte ihn nicht stoppen: Am darauf folgenden Samstag streifte er sein Trikot mit der 1 über den harten Panzer und lief mit seinen Kameraden auf

Und noch ein Torhüter: Im Oktober 2009 wurde beim Argentinier Sebastián Blázquez von Deportivo Cali ein gebrochenes Wadenbein festgestellt – zwei Monate nach der Verletzung. Und noch mehr: In der Zwischenzeit absolvierte Blázquez auch noch zwei Partien, weil er lediglich von einem muskulären Problem ausging. „Ich wäre nie auf die Idee gekommen, dass ich zwei Spiele mit solch einer Verletzung im Tor stand", erklärte der Torwart. Die Verletzung passierte am 18. August in einem Training vor der Copa-Sudamericana-Begegnung gegen Universidad de Chile. „Ich spürte einen Schlag in der Mitte der linken Wade. Als hätte mir jemand im Scherz ein Bein gestellt. Ich hielt das nur für einen Tritt. Dass etwas gebrochen ist, damit hätte ich nie gerechnet. [Für das Spiel gegen Universidad] warf ich Schmerzmittel ein, trotzdem hatte ich am Ende höllische Schmerzen. Im Laufe der Woche wurde es ein bisschen besser, und am folgenden Sonntag [dem 23. August] lief ich auch noch gegen Quindío auf. In der ersten Halbzeit hatte ich kein Problem, aber nach 15 Minuten der zweiten Halbzeit wollte ich mich wegen der Schmerzen auswechseln lassen." Eine Woche später sagte der Torwart: „Ich wurde behandelt und versuchte es mit Training. Aber am Donnerstag habe ich mich noch nicht gut genug gefühlt, um gegen Tolima (am 30. August) aufzulaufen, darum erhielt ich eine Pause. Wir dachten, wenn ich den Muskel etwas schone, würde er sich schon erholen. Aber als ich Anfang Oktober immer noch Probleme hatte, machten wir ein MRT, und dabei wurde festgestellt, dass mein Knochen einmal durch war." Ein unglaublicher Rekord.

Ein Bruch ist nicht genug

Ein außergewöhnliches Schicksal ereilte Mitte 1971 den AS Nancy-Lorraine in einer Begegnung der ersten französischen Liga. Bei einem Zusammenprall in der ersten Halbzeit brachen sich die beiden Verteidiger Jean Pierre Borgoni und René Woltrager das rechte Bein beziehungsweise die Hüfte. Seine Fortsetzung fand der unglückselige Tag in der zweiten Halbzeit, als Torwart Jean Paul Krafft mit dem eigenen Mitspieler Eddy Dublin zusammenstieß und einen Schädelbruch erlitt.

Im August 1966 brach sich der Verteidiger Bobby Blackwood vom englischen Drittligisten Colchester United bei einem Zusammenstoß mit Stürmer Les Allen von den Queen's Park Rangers den Kiefer. Nach viermonatiger Pause kehrte Blackwood zufällig ausgerechnet gegen QPR auf den Platz zurück – und brach sich erneut bei einem Zusammenstoß mit Les Allen den Kiefer.

Der 3:1-Sieg von River Plate gegen den Erzrivalen Boca Juniors am 19. November 1933 hatte eine besondere Note, denn die heimischen *Millonarios* mussten 80 Minuten mit einem Mann weniger auskommen, da Auswechslungen noch nicht erlaubt waren. In der zehnten Minute hatte der Verteidiger Roberto Basílico sich bei einem Zusammenstoß mit dem *Xeneize*-Angreifer Francisco Varallo den Arm gebrochen – umso tragischer, da der Verteidiger sich schon im vorangegangenen Superclásico am 2. Juli nach einem Foul von Varallo das Schlüsselbein gebrochen hatte.

Wie der Fall des Franzosen Patrick Lhermite zeigt, sind auch Schiedsrichter nicht vor Verletzungen gefeit. Am 20. April 2003 wurde er bei der

„Championnat"-Begegnung von AJ Auxerre und Le Havre versehentlich umgerannt und erlitt einen Bruch von Schien- und Wadenbein. Der Referee musste auf einer Trage abtransportiert und vom vierten Offiziellen Jean Marc Rodolphe ersetzt werden, der die verbliebene halbe Stunde pfiff.

Noch sonderbarer ist die Geschichte von Eli Cohen, dem Trainer des israelischen Vereins Hapoel Akko. Im Spiel gegen Hapoel Tel Aviv vom 21. September 2011 klärte der Akko-Verteidiger Roer Levi einen gegnerischen Angriff mit einem Befreiungsschlag auf die Tribüne. Zumindest hatte er das vor, doch der Ball flog nicht etwa auf die Tribüne, sondern landete am Arm von Cohen, der an der Seitenlinie nur einen Schritt von Levi entfernt stand. Durch den wuchtigen Schuss brachen mehrere Knochen in Cohens Hand. Doch der Trainer ließ sich von dem Missgeschick nicht unterkriegen. Zur zweiten Halbzeit erschien er mit einem mächtigen Verband auf der Bank. Nicht bekannt ist, was der Coach in der Pause seinem Spieler erzählt hat.

Verfluchtes Curry

Wie Mittelfeldspieler Levi Foster vom englischen Amateurverein AFC GOP bemerkte, hatte Schiedsrichter Bunny Reid sich unweit von ihm niedergekniet, um sich die Schuhe zuzubinden. Hinterhältig drehte Foster sich ein wenig, bis sein Hintern auf Höhe des Kopfs des Schiedsrichters war, dann ließ er einen lauten, stinkenden Furz los. Als Reid wütend hochfuhr, probierte der Spieler es mit einer absurden Entschuldigung: „Sorry, aber ich habe gestern Abend Curry gegessen."

Unbeeindruckt davon zeigte der Schiedsrichter dem dreisten Mittelfeldakteur die Gelbe Karte. Doch damit nicht genug: Vom Disziplinarausschuss wurde Foster wegen „Respektlosigkeit" gegenüber dem Schiedsrichter für zwei Spiele gesperrt. Wenn seine Tat eine derartige Maßnahme rechtfertigte, wieso hatte Reid ihn nicht hinausgestellt?

Den Regeln zufolge liegt es im Ermessen des Schiedsrichters, ob er einen Spieler wegen „unsportlichen Verhaltens" mit Gelb oder Rot bestraft. Durch den Spielraum, den diese Bestimmung lässt, hat es in der Geschichte des Sports unzählige skurrile „gelbe" Fälle wie diesen aus dem November 2009 in Portsmouth gegeben.

Eine katholische Geste

Sekunden vor der Erstligapartie zwischen den Rangers und Partick Thistle im März 1996 bekreuzigte sich Gästestürmer Rod McDonald, ein Katholik. Der Angreifer machte das Kreuzzeichen teils aus Frömmigkeit, teils auch aus Aberglauben, weil er es vor jedem Spiel zu tun pflegte.

Doch Schiedsrichter Jim McGilvray sah darin eine Provokation der vielen Tausend protestantischen Fans auf den Rängen des Ibrox Parks. Und so zeigte er dem Stürmer von Partick Thistle schon vor dem Anpfiff zur Abschreckung eine Gelbe Karte.

Gascoigne, der Spaßvogel

Im selben Stadion wie in der vorangegangenen Geschichte hatte ein Jahr zuvor Schiedsrichter Dougie Smith bei der Begegnung zwischen den Rangers und Hibernian seine Gelbe Karte verloren. Der lebensfrohe Paul Gascoigne erkannte die Chance für einen kleinen Streich und hob die Karte auf. Er baute sich vor Smith auf und „verwarnte" ihn in der typischen Schiedsrichtermanier, bevor er dem Referee die Karte zurückgab.

Der Spaß sorgte bei den Fans für große Erheiterung, allerdings nicht beim Schiedsrichter. Kaum hatte er seine Karte zurück, zeigte er sie dem Spaßvogel Gascoigne getreu dem Motto „Auge um Auge, Zahn um Zahn", das nicht unbedingt dem Geist – und den Regeln – des Fußballspiels entspricht.

Gelbregen

Am 3. November 1969 standen sich im englischen Surrey der Tongham Youth Club und Hawley in einer völlig unspektakulären Partie gegenüber. Einzig der Schiedsrichter John McAdam sah ein übermäßig hartes Duell und zeigte im Lauf des Spiels sämtlichen 22 Spielern die Gelbe Karte. Als einer der Linienrichter zu protestieren wagte, wurde auch er von McAdam verwarnt.

Ausgefallene Flitterwochen

Der chilenische Verteidiger Ronald Fuentes konsultierte seinen Terminkalender, dann schlug er seiner Freundin den Januar 1997 als Hochzeitstermin vor. Wie er der Angebeteten erklärte, würde er sich im WM-Qualifikationsspiel der „Roten" gegen Argentinien in Buenos Aires eine Gelbe Karte abholen, die zweite des Wettbewerbs, sodass sie während der daraus resultierenden Sperre in die Flitterwochen fahren könnten. Am 15. Dezember 1996 stand es in der Partie gegen Argentinien kurz vor Schluss 1:1, als Fuentes, wie geplant, ein Foul beging und die Gelbe Karte kassierte.

Aber der clevere Verteidiger rechnete nicht mit der Schusseligkeit des paraguayischen Schiedsrichters Ubaldo Aquino. Dieser vergaß, die Verwarnung in seinem offiziellen Spielbericht zu vermerken! Da der Hochzeitstermin bereits feststand, heiratete Fuentes dennoch und machte sich auf zu einer Reise – wenn auch nicht mit seiner Frau. Vielmehr flog er nach Lima, um am 12. Januar bei Chiles Spiel gegen Peru dabei zu sein.

Die ohnehin schon unerfreuliche Situation wurde noch fataler, als der peruanische Verband wenige Stunden vor Anpfiff den Regeln gemäß eine Sperre für Fuentes forderte. Das zuständige Gremium beschäftigte sich im Eilverfahren mit dem Fall und gab dem gastgebenden Verband recht. Keine Flitterwochen, kein Spiel, keine Punkte (Chile verlor 1:2) – der Verteidiger erlebte, dass alles, was schiefgehen kann, auch schiefgeht

Das Grab

Das Folgende mag wie eine fantastische Halloweengeschichte klingen. Aber es ist ebenso schrecklich wie wahr. In der Gruppe 5 der Copa Libertadores empfing am 30. März 1978 die venezolanische Mannschaft FC Portuguesa im Stadion José Antonio Páez von Acarigua das paraguayische Team von Cerro Porteño. Pedro Pascual Peralta erzielte die Führung für die Gastgeber, bevor dem Paraguayer Gerardo Gonzalez der Ausgleich gelang. Bis dahin verlief alles normal, und das Spiel endete auch ohne irgendeinen Zwischenfall. Doch der Abpfiff des kolumbianischen Schiedsrichters Orlando Sanchez setzte dann das furchtbare Geschehen in Gang. Sanchez und seine Assistenten, der Venezolaner Vicente Llobregat und der Peruaner Enrique Labo Revoredo, duschten, zogen sich um und stiegen in einen Wagen, der sie nach Caracas bringen sollte, wo die beiden auswärtigen Referees in ihr jeweiliges Flugzeug steigen würden.

Aber rund fünf Kilometer hinter Acarigua wurde der Wagen von einer Gruppe Portuguesa-Fans aufgehalten. Die drei Offiziellen wurden mit gezückten Waffen dazu gebracht, auszusteigen. Sanchez wurde an den Haaren auf einen Acker gezerrt, wo ihm ein Spaten in die Hand gedrückt und er unter Waffengewalt gezwungen wurde, eine Grube für sich selbst auszuheben. In Panik begann der kolumbianische Schiedsrichter, ein Loch zu graben, doch mehrere Polizisten kamen gerade noch rechtzeitig, um ihn zu befreien. Portuguesa musste eine Strafe von 5.000 US-Dollar zahlen, außerdem erhielt der Verein eine einjährige Stadionsperre. Sanchez ist nie wieder nach Venezuela zurückgekehrt.

Der Eisberg

Schon viele Fußballspiele wurden wegen starken Regens abgesagt. Einige auch wegen Hagels, Nebels oder Schnees. Und ein paar wegen Sturms oder Orkanböen. Aber am 29. August 2005 kam es zu einem einzigartigen Vorfall in der 150-jährigen Geschichte des Fußballs. Auch an jenem Tag musste ein Spiel abgesagt werden – aber diesmal wegen eines Eisbergs. Ja, Sie haben richtig gelesen: wegen eines riesigen Eisbergs! Um den unerhörten Vorfall zu erklären, muss man etwas weiter ausholen.

Im Halbfinale des grönländischen Pokals sollte der FC Malamuk aus Uummannaq zu Hause gegen Nagdlunguaq-48 aus der grönländischen Hauptstadt Nuuk antreten. Grönland ist ganzjährig von einer beinahe vollständigen Eisschicht überzogen, daher gibt es nicht viele geeignete Orte für einen Fußballplatz. In Uummannaq fanden die Anhänger des Sports nur ein steiniges Spielfeld mit einer dünnen Erdschicht in der vereisten Baffin Bay.

Damit Spieler, Schiedsrichter und Zuschauer zu dem von Wasser und hohen, steilen Klippen umgebenen Spielfeld gelangen, müssen sie ins Boot steigen. Daher wurde wenige Meter neben dem Spielfeld parallel zur Seitenlinie ein Bootslandeplatz eingerichtet. Trotz der besonderen Umstände waren knapp 1.000 Zuschauer zu dem Pokalspiel gekommen. Doch während die Mannen von Malamuk und Nagdlunguaq-48 um den Ball kämpften, warnte einer der Fans vor einem riesigen Eisberg – besser gesagt, einem Achtel davon –, der sich gefährlich dem kleinen Hafen näherte und drohte, die Hunderte dort liegender Boote zu zerstören.

Alle Anwesenden einschließlich Schiedsrichter, Linienrichter und Spieler ließen den Ball Ball sein, rannten zu ihren Booten und lösten die Taue, um zu fliehen. Als der Eisberg vorbeigezogen war – nicht ohne am Spielfeldrand genügend Eis für den einen oder anderen Whiskey zu hinterlassen – und die Gefahr vorüber war, wurde das Spiel fortgesetzt und endete mit einem 3:1-Sieg der Gäste.

Die Hexe

Am 26. Juli 1981 war das Stadion Nemesio Camacho in Bogota ausverkauft. 60.000 Zuschauer wollten Kolumbiens Partie gegen Peru verfolgen, den Auftakt in die Qualifikation für die WM 1982 in Spanien. Für die Partie hatte der argentinische Coach der *cafeteros* (Kaffeebauern), Carlos Bilardo, eine Hexe aus Cali namens Beatriz Becerra angeheuert, die ihm mit ihren übernatürlichen Kräften zur Seite stehen sollte.

Bilardo bat die Dame in die Umkleidekabine, damit sie ihre vermeintlichen Kräfte auf die Spieler übertrug und dem Heimteam zum Sieg verhalf. Seine Strategie schien aufzugehen, als Pedro Zape nach 40 Minuten einen Elfmeter durch Teófilo Cubillas hielt. Die Magie setzte sich in der 65. Minute fort, als Hernán Darío Herrera zur kolumbianischen Führung traf. Doch vier Minuten vor Abpfiff erzielte Guillermo la Rosa den Ausgleich. Durch den Treffer verpasste Kolumbien einen Sieg zum Auftakt der Qualifikation und die Hexe Becerra verlor ihren Job: Bilardo feuerte sie noch in der Kabine.

Heiße Feier

Kurz vor der Abreise zum CONCACAF Gold Cup 2015 in den Vereinigten Staaten lieferte der mexikanische Nationaltrainer Miguel „Piojo" Herrera sich eine heftige Auseinandersetzung mit dem Reporter Christian Martinoli von *Televisión Azteca*. Martinoli hatte die Mannschaft heftig kritisiert für ihre Leistung bei der Copa América in Chile, wo Mexiko in der ersten Runde ausgeschieden war.

Herreras Antwort in einem Sportsender war eine deftige Schimpftirade gegen Martinoli: „Da draußen ist ein Arschloch, das mich fertigmachen will. Aber wir werden uns schon noch über den Weg laufen, und dann werde ich das mit ihm ausdiskutieren. Nur diskutieren." Der für seinen scharfen und spitzen Stil bekannte Martinoli bekam das mit und erwiderte auf seinem Twitter®-Account: „Ich liebe die feine Art des Nationaltrainers. Er ist kein Cheerleader, er ist ein Hooligan." Herrera ließ sich das nicht gefallen: „Ich bin kein Hooligan, aber hoffentlich kriege ich Gelegenheit, das persönlich zu klären." Die Spannungen stiegen.

Nach umkämpften Partien im Viertel- und Halbfinale gegen Costa Rica beziehungsweise Panama setzte Mexiko sich im Finale des Gold Cups im Lincoln Financial Field von Philadelphia mühelos mit 3:1 gegen Jamaika durch. Am nächsten Morgen wollte die Mannschaft vom Philadelphia International Airport in die Heimat zurückfliegen. In der Abflughalle entdeckte Herrera Martinoli, der die Spiele in den Vereinigten Staaten für das Fernsehen kommentiert hatte und nun ebenfalls nach Mexiko zurückwollte.

Herrera stürmte wortlos auf den Journalisten los wie ein Stier auf ein rotes Tuch und versetzte ihm einen Hieb gegen den Hals. Ein anderer Reporter von *TV Azteca*, Luis García, verhinderte mit seinem Eingreifen, dass Herrera Martinoli schwerer verletzte, allerdings musste er selbst einige Schläge einstecken. Einige Stunden danach verteidigte der Coach sich im Fernsehen: „Eigentlich verliere ich nicht so die Beherrschung. Ich habe einen Fehler gemacht. So etwas sollte nicht passieren. Auf die Art darf man seine Probleme nicht regeln. Ich habe eine kurze Zündschnur und explodiere manchmal, aber ich bin nicht gewalttätig", erklärte Herrera. „Ich war wegen einer persönlichen Sache gestresst, eine familiäre Geschichte, und dann habe ich die Beherrschung verloren. Als ich ihn gesehen habe, sind mir die Sicherungen durchgebrannt, aber wenn man in der Öffentlichkeit steht, darf einem so etwas nicht passieren", gab er zerknirscht zu.

Doch sein Eingeständnis half ihm nicht. „Gewalt hat keinen Platz in der Gesellschaft, in der Familie und erst recht nicht im Sport. Im mexikanischen Fußballverband können wir niemanden tolerieren, der mit Gewalt gegen die Meinungsfreiheit vorgeht, statt sich mit seinen Gedanken und Argumenten Gehör zu verschaffen. Die mexikanischen Fans verdienen Respekt und anständige Personen, die unsere Vorstellung vom Fußball verkörpern. Trotz seiner außerordentlichen und erfolgreichen Karriere auf dem Platz und als Trainer dürfen wir die sportlichen Ergebnisse nicht über unsere Statuten und Richtlinien stellen, über Respekt und Meinungsfreiheit. Der mexikanische Fußballverband, die dazugehörigen Ligen und insbesondere die Mitglieder unserer Nationalmannschaft müssen den kommenden Generationen ein Beispiel sein, und was sich ereignet hat, atmet nicht den Geist fairen Wettbewerbs, den wir bei uns im Fußball sehen wollen", erklärte der Präsident des mexikanischen Fußballverbands, Decio de María Serrano, die Trennung von dem streitsüchtigen Herrera.

ANHANG

1 LITERATUR

Bücher

ABC – Diccionario Enciclopédico del Fútbol (2000). AGEA, Buenos Aires.

Arango Cammaert, F., Garavito Colmenares, A. & Samper Camargo, N. (2008). *Bestiario del balón*. Aguilar, Bogotá.

Ash, R. & Morrison, I. (2010). *Top Ten of Football*. Hamlyn, London.

Ball, P. (2003). *Morbo: The Story of Spanish Football*. WSC Books Limited, London.

Barnade, O. (2011). *Historias Increíbles de Argentina en la Copa América. Ediciones Al Arco, Buenos Aires.*

Barrett, N. (2001). *The Daily Telegraph Chronicle of Football. Carlton Books, London.*

Bilardo, C. (2014). *Doctor y campeón*. Editorial Planeta, Buenos Aires.

Biblioteca total del fútbol. El deporte de los cinco continentes (1982). Editorial Océano, Madrid.

Biblioteca total del fútbol. De los orígenes al Mundial (1982). Editorial Océano, Madrid.

Brown, P. (2013). *The Victorian Football Miscellany*. Superelastic, Milton Keynes.

Burns, J. (2013). *La Roja. Eine Geschichte des spanischen Fußballs*. Verlag Die Werkstatt, Göttingen.

Campomar, A. (2014). *Golazo*. Club House, Buenos Aires.

Carlisle, J. (2009). *Soccer's Most Wanted II*. Potomac Books, Virginia.

Confederación Sudamericana de Fútbol (2007). *Historia de la Copa América, Sgunda Edición*. Buenos Aires.

Confederación Sudamericana de Fútbol (1990). *Copa Libertadores de América - 30 años*. Buenos Aires.

Crossan, R. (2011). *Football Extreme*. John Blake Publishing Ltd., London.

Cruyff, J. (2017). *Mein Spiel*. Droemer, München.

Díaz, J. M. et al. (2007). *La pelota nunca se cansa.* Editorial Base, Barcelona.

Escobar Bavio, E. (1953). *Alumni. Cuna de campeones.* Editorial Difusión, Buenos Aires.

Fabbri, A. (2008). *Historias negras del fútbol argentino.* Capital Intelectual, Buenos Aires.

Foer, F. (2006). Wie man mit Fußball die Welt erklärt. Heyne, München.

Foot, J. (2007). *Calcio, A History of Italian Football.* Harper Perennial, London.

Fucks, D. (2005). *Duelo de guapos.* Distal, Buenos Aires.

Galeano, E. (1997). *Der Ball ist rund und Tore fallen überall.* Peter Hammer Verlag, Wuppertal.

Galvis Ramírez, A. (2008). *100 años de fútbol en Colombia.* Planeta, Bogotá.

Goldblatt, D. (2007). *The Ball Is Round.* Penguin Books, London.

González, C., Navarrete, L. & Quezada, B. (2014). *La Roja.* RIL Editores, Santiago de Chile.

Harvey, A. (2005). *Football, the First Hundred Years. The Untold Story.* Routledge, London.

Hesse-Lichtenberger, U. (2002). *Tor! The Story of German Football. WSC Books, London.*

Hesse, U. & Simpson, P. (2014). *Who Invented the Bicycle Kick?* Harper Collins, New York.

Historia del Fútbol Argentino (1994). Diario La Nación, Buenos Aires.

Historia del Fútbol Argentino (1955). Editorial Eiffel, Buenos Aires.

Historia El Gráfico de la selección argentina (1997). El Gráfico, Buenos Aires.

Hofmarcher, A,. Liger, C. & Misandeau, M. (2010). *Carton rouge.* Le cherche midi, Paris.

Inglis, S. (1987). *The Football Grounds of Great Britain.* Willow Books, London.

Iucht, R. (2012). *La vida por el fútbol. Marcelo Bielsa, el ultimo romántico.* Sudamericana, Buenos Aires.

Iwanczuk, J. (1992). *Historia del fútbol amateur en la Argentina.* Autores Editores, Buenos Aires.

Kuper, S. (2009). *Football Against the Enemy oder: wie ich lernte, die Deutschen zu lieben.* Verlag Die Werkstatt, Göttingen.

Lauduique-Hamez, S. (2006). *Les incroyables du football.* Calmann-Lévy, Paris.

Les miscellanées du foot (2009). Éditions Solar, Paris

Libro del fútbol (1976). Editorial Abril, Buenos Aires.

Litvin, A. (2014). *1.000 datos locos del fútbol mundial.* V&R Editoras. Buenos Aires.

Lodge, R. (2010). *1001 Bizarre Football Stories.* Carlton Books, London.
Lowndes, W. (1964). *The story of Football.* The Sportsmans Book Club, London.
Ludden, J. (2010). *Los partidos del siglo.* TyB Editores, Madrid.
MacWilliam, R. (2013). *We Are the Champions.* Endeavour Press. London.
Mármol de Moura, M. (2014). *Los 200 partidos más curiosos del fútbol argentina.* Corregidor, Buenos Aires.
Mas, S. (2009). *Anécdotas de fútbol.* Libros Cúpula, Barcelona.
Matthews, T. (2005). *Football Oddities.* The History Press, Stroud.
Murray, C. (2010). *A Random History of Football.* Orion Books, London.
Palermo, M. (2011). *Titán del gol y de la vida, mi autobiografía.* Planeta, Buenos Aires.
Peredo, D. (2011). *Los 500 datos caletas de la Copa América.* De Chalaca, Lima.
Prats, L. (2010). *La crónica celeste.* Fin de Siglo, Montevideo.
Phythian, G. (2005). *Colossus.* Tempus Publishing, Stroud.
Relaño, A. (2010). *366 historias del fútbol mundial que deberías saber.* Ediciones Martínez Roca, Madrid.
Rey, A. & Rojas, P. (1947). *El fútbol argentino.* Ediciones Nogal, Buenos Aires.
Rice, J. (1996). *Curiosities of Football.* Pavilion Books, London.
Risolo, D. (2010). *Soccer Stories.* University of Nebraska Press, Lincoln.
Sanders, R. (2009). *Beastly Fury, the Strange Birth of British Football.* Bantam Books, London.
Señorans, J. (2014). *Son cosas del fútbol.* Fin de Siglo, Montevideo.
Sharpe, G. (2009). *500 Strangest Football Stories.* Racing Post Books, Compton.
Snyder, J. (2001). *Soccer's Most Wanted.* Potomac Books, Virginia.
Southgate, V. (2012). *The Story of Football.* Ladybird Books, London.
Tabares, J. & Bolaños, E. (2012). *Esto (también) es fútbol.* Planeta, Buenos Aires.
Talic, D. & de Lucca, G. (2009). *Diccionario del futbol.* Claridad, Buenos Aires.
Thomson, G. (1998). *The Man in Black.* Prion Books Limited, London.
Tovar, J. (2014). *Números redondos.* Grijalbo, Bogotá.
Venegas Traverso, C. (2013). *Fuera de juego.* Editorial Forja, Santiago de Chile.
Ward, A. (2002). *Football's Strangest Matches.* Portico, London.
Wernicke, L. (1996). *Curiosidades Futboleras.* Editorial Sudamericana, Buenos Aires.
Wernicke, L. (1997). *Curiosidades Futboleras II.* Editorial Sudamericana, Buenos Aires.
Wernicke, L. (2008). *Nuevas curiosidades futboleras.* Ediciones Al Arco, Buenos Aires.

Wernicke, L. (2015). *Historias insólitas de la Copa Libertadores*. Planeta, Buenos Aires.
Wernicke, L. (2015). *Curiosidades de la Copa América*. Ediciones Al Arco, Buenos Aires.
Wilson, J. (2015). *Revolutionen auf dem Rasen*. Verlag Die Werkstatt, Göttingen.
Wilson, J. (2014). *Outsider. Eine Geschichte des Torhüters*. Verlag Die Werkstatt, Göttingen.

Zeitungen

Argentinien: *Clarín, La Nación, Olé, Diario Popular, Crónica, La Prensa, La Razón, Uno, Libre, Página/12.*
Bolivien: *La Razón.*
Brasilien: *O Estado, Lance, Folha de São Paulo.*
Chile: *La Tercera, El Mercurio.*
Ecuador: *Hoy, El Telégrafo.*
Frankreich: *Le Dauphiné.*
Großbritannien: *Daily Mail, The Times, Evening Standard, Daily Telegraph, Daily Mirror, The Independent, Herald Scotland, WalesOnLine.*
Italien: *Corriere Della Sera, La Repubblica, La Stampa.*
Kolumbien: *El Tiempo, El País.*
Paraguay: *ABC Color.*
Peru: *El Comercio, El Nacional.*
Spanien: *As, Marca, El Mundo, El País, La Vanguardia, Mundo Deportivo, ABC de Sevilla.*
Uruguay: *El País, El Observador.*
Venezuela: *El Universal.*
Vereinigte Staaten: *New York Times, New York Post, Los Angeles Times, Los Angeles Sentinel.*

Zeitschriften

Campeón (Argentinien)
El Gráfico (Argentinien)
Four Four Two (Großbritannien)
Guerin Sportivo (Italien)
Mundo deportivo (Argentinien)

Placar (Brasilien)
Soho (Kolumbien)
Sports Illustrated (Vereinigte Staaten)
Total Football (Großbritannien)
Un Caño (Argentinien)

Nachrichtenagenturen

Diarios y Noticias (Argentinien)
Telam (Argentinien)
Reuters (Großbritannien)
Deutsche Presse Agentur (Deutschland)
EFE (Spanien)
Agence France Press (Frankreich)
Agenzia Nazionale Stampa Associata (Italien)
United Press International (Vereinigte Staaten)
Associated Press (Vereinigte Staaten)

Websites

footballsite.co.uk
fifa.com
uefa.com

2 BILDNACHWEIS

Covermotiv: Adobe Stock

Covergestaltung: Annika Naas

Innenlayout: Annika Naas

Lektorat: Dr. Irmgard Jaeger

Satz: zerosoft